GZC 高校主题出版
2021 GAOXIAO ZHUTI CHUBAN
科技创新与发展研究丛书

GUONEIWAI SHENGWU YIYAO CHANYE CHUANGXIN FAZHAN ZHENGCE YANJIU

国内外生物医药产业创新发展政策研究

袁 永 胡海鹏 著

华南理工大学出版社
SOUTH CHINA UNIVERSITY OF TECHNOLOGY PRESS
·广州·

图书在版编目（CIP）数据

国内外生物医药产业创新发展政策研究/袁永，胡海鹏著．—广州：华南理工大学出版社，2022.5（2025.12 重印）
（科技创新与发展研究丛书）
ISBN 978－7－5623－7007－9

Ⅰ.①国… Ⅱ.①袁… ②胡… Ⅲ.①生物医学工程－产业发展－经济政策－研究－世界 Ⅳ.①F416.77

中国版本图书馆 CIP 数据核字（2022）第 044779 号

国内外生物医药产业创新发展政策研究
袁 永 胡海鹏 著

出 版 人：房俊东
出版发行：华南理工大学出版社
（广州五山华南理工大学 17 号楼，邮编 510640）
http：//hg.cb.scut.edu.cn E-mail：scutc13@scut.edu.cn
营销部电话：020－87113487 87111048（传真）
策划编辑：吴翠微
责任编辑：陈 蓉
责任校对：盛美珍 詹伟文
印 刷 者：广州小明数码印刷有限公司
开 本：787mm×960mm 1/16 **印张：**11 **字数：**198 千
版 次：2022 年 5 月第 1 版 **印次：**2025 年 12 月第 2 次印刷
定 价：48.00 元

前言

生物医药产业是以生命科学和生物技术为基础的知识密集型产业，是当今世界正在蓬勃兴起和迅猛发展的重要战略性新兴产业。当前，生命科学的新兴及前沿领域发展日新月异，生物医药产业在引领未来经济社会发展中的基础性战略地位日益凸显，不仅对国家综合实力的重大变化和世界经济格局的重大调整产生重要影响，还将深刻地改变人类社会生活方式和世界经济发展模式。

近年来，世界各国均把生物医药产业作为优先发展的重点产业，不断从国家战略层面制定出台相关创新战略与政策，加速抢占生物医药技术及产业制高点。美国将生物医药纳入国家创新战略重点支持内容，持续出台生物安全战略以推动生物医药研发创新，专门成立生物技术委员会，实施“精准医疗计划”等重大计划；欧盟把生物医药纳入欧盟框架计划重点支持方向，实施欧洲创新药物计划，加大在医疗健康方面的研发经费投入；日本实施生物产业立国战略，颁布《健康与医疗战略推进法》；英国出台《英国生物科学前瞻》；俄罗斯发布《俄罗斯联邦至2020年生物技术发展综合计划》等。

我国作为全球第一人口大国和第二大经济体，生物医药产业发展基础良好、发展需求迫切、发展前景广阔。我国一直将生物医药产业作为国家重点发展的战略性新兴产业，密集出台相关生物医药产业创新促进政策：实施《中国制造2025》，将高性能医疗器械以及生物医药作为重点发展领域；发布《国务院关于实施健康中国行动的意见》，大力支持生物医药等大健康产业发展；出台《中共中央 国务院关于促进中医药传承创新发展的意见》，加快中医药传承创新发展；制定《中华人民共和国生物安全法》，完善生物安全治理体系。党的十九届五中全会首次对科技创新提出了“面向人民生命健康”的新要求。

新冠肺炎疫情的防控进一步凸显了生物医药产业在保障人民生命健康中的重要作用，也为生物医药产业创新发展提供了新机遇。习近平总书记高度重视新冠肺炎疫情防控科研攻关和生物医药产业发展，多次作出重要指示，强调要完善国家生物安全战略，加快推进生物科技创新和产业化应用，促进生物技术健康发展，有序推进生物育种、生物制药等领域产业化应用。全国各地高度重视生物医药产业创新发展，北京、上海、重庆、广东、浙江、江苏等省市纷纷制定出台系列政策措施，把生物医药产业作为未来发展的重点产业和支柱产业。生物医药是典型的研发主导型产业，具有高技术、高投入、高收益、高风险、长周期等特征。政府政策对促进生物医药产业创新发展具有至关重要的激励引导作用，要充分发挥政府在基础研究、临床前研究、临床试验、产业化应用以及全流程审批监督的作用。

“他山之石，可以攻玉。”我国作为生物医药产业创新发展后发国家，研究借鉴发达国家及地区促进生物医药产业创新发展的政策经验具有重要意义。本书在对生物医药产业创新发展理论、一般过程及影响因素进行扼要梳理的基础上，系统分析了美、英、日、韩以及欧盟重点国家的生物医药产业创新发展基础现状及政策经验，提出促进我国生物医药产业创新发展的政策建议。

本书在编写过程中得到诸多领导和同事的大力支持，尤其感谢莫富传、康捷、王子丹、邱丹逸、晏艺萍等研究人员的努力付出。本书还得到“应对重大疾病防控应急科研攻关的生物医药产业创新发展战略规划研究”（项目编号：2020B1111330004）、“广东省创新监测与国际对标研究智库建设”（项目编号：2017B070703002）等广东省科技计划项目的重点资助，在此表示衷心感谢！限于我们的学识和能力，书中难免存在疏漏与不足，恳请读者批评指正。

著 者

2021 年 10 月

目　录

第 1 章　研究背景 ……………………………… 1

1. 1　全球生物医药产业创新发展概况 ……………… 1
1. 2　我国生物医药产业创新发展迎来重大机遇 …… 5

第 2 章　生物医药产业创新发展理论研究 ……… 8

2. 1　概念内涵及分类 ……………………………… 8
2. 2　生物医药产业创新链 ………………………… 14
2. 3　生物医药产业创新的主要特点 ……………… 20
2. 4　生物医药产业创新发展理论、一般过程及影响因素 …… 23

第 3 章　美国生物医药产业创新发展政策研究 …… 31

3. 1　美国生物医药产业创新发展基础现状 ……… 31
3. 2　美国促进生物医药产业创新发展政策经验 … 49
3. 3　若干启示建议 ………………………………… 61

第 4 章　英国生物医药产业创新发展政策研究 …… 64

4. 1　英国生物医药产业创新发展基础现状 ……… 64
4. 2　英国促进生物医药产业创新发展政策经验 … 70
4. 3　若干启示建议 ………………………………… 79

第 5 章　欧盟重点国家生物医药产业创新发展政策研究 …… 82

5. 1　欧盟重点国家生物医药产业创新发展基础现状 …… 82
5. 2　欧盟重点国家促进生物医药产业创新发展政策经验 …… 91
5. 3　若干启示建议 ………………………………… 100

第 6 章　日韩生物医药产业创新发展政策研究 …… 103

6.1　日韩生物医药产业创新发展基础现状 …… 103
6.2　日韩促进生物医药产业创新发展政策经验 …… 109
6.3　若干启示建议 …… 118

第 7 章　我国生物医药产业创新发展政策分析 …… 121

7.1　我国生物医药产业创新发展基础现状 …… 121
7.2　我国促进生物医药产业创新发展政策分析 …… 141

第 8 章　我国生物医药产业创新发展存在问题及政策建议 …… 162

8.1　我国生物医药产业创新发展存在问题 …… 162
8.2　促进我国生物医药产业创新发展的政策建议 …… 164

第 1 章　研究背景

生物医药产业是我国重点发展的战略性新兴产业，是研发高密度与知识高密集的高新技术产业，在惠民生、稳增长、调结构等方面发挥着积极作用。新冠肺炎疫情暴发以来，习近平总书记反复强调，要统筹各方面科研力量，推动生物医药等产业发展。当前，生物医药产业在引领未来经济社会发展中的基础性战略地位日益凸显，不仅将对国家综合实力的重大变化和世界经济格局重大调整产生重要影响，还将深刻地改变人类社会生活方式和世界经济发展模式。本章深入阐述全球生物医药产业创新发展概况，分析我国生物医药产业创新发展面临的重大机遇。

1.1　全球生物医药产业创新发展概况

近现代生物医药产业发展最早可追溯到 19 世纪中叶的德国制药工业，部分染料工业企业、化工企业研究探索染料及免疫抗体等生理活性物质对抑制病菌的作用。总的来看，全球生物医药产业发展经历了初步发展期（19 世纪中叶—20 世纪 30 年代）、快速发展期（20 世纪 30—60 年代）、规范调整期（20 世纪 70—80 年代）、新的快速发展期（20 世纪 80 年代至今）四个阶段（表 1 - 1）。20 世纪五六十年代，以核酸双螺旋结构的发现为标志，生物医药创新发展进入了分子生物学和细胞生物学时代。20 世纪末和 21 世纪初，以基因组测序、基因组功能研究为标志，生物医药创新发展进入了基因组时代。当前生物医药创新发展正处于以学科汇聚为标志的第三次革命时期，物理学、工程学、信息科学等与生命科学交叉融合，从而加速推进生物医药创新发展①。

①陈凯先．生物医药创新前沿与我国生物医药的发展［J］．世界科学，2019（7）：34 - 36.

表 1－1　近现代生物医药产业发展阶段

发展阶段	重点领域	发展内容
初步发展期（19 世纪中叶—20 世纪 30 年代）	医药制造工业	医药制造工业初步发展，染料企业与化工厂建立实验室，开展相关新药研究，并在实验室生产吗啡、奎宁、马钱子碱等药品
快速发展期（20 世纪 30—60 年代）	化学药、生物药	以核酸双螺旋结构的发现为标志，进入了分子生物学和细胞生物学时代。药品研发投资增加，美国、欧洲、日本的制药企业迅速壮大；战争促使药物研发加速，发明了大量药物，包括合成维生素、激素、磺胺类药物、抗生素、抗精神病药物、抗组胺药物、疫苗等
规范调整期（20 世纪 70—80 年代）	化学药、医疗器械	药物研发进入科学理论设计阶段，对药物安全性更加重视，药品生产质量管理规范（GMP）公布，新化合物发现和早期临床试验等新产品问世，医疗器械及分析仪器有所突破
新的快速发展期（20 世纪 80 年代至今）	生物药	生物技术得到了很大的发展，如干扰素、白间素、促红细胞生长素、单克隆抗体药物等问世；大力发展基因组，结合生物学、遗传学等新技术，生命科学进入了基因组时代；计算机化、信息化、组合化等方法快速发展

注：根据世界医药发展史等资料整理。

生物技术药的发展前景越来越广阔。随着社会对药品安全的愈发重视、医疗消费结构的急剧变化和生物技术的快速发展，在药品市场上，新型生物药品的占比迅速增加，并成为药物研发的重中之重。根据全球各制药公司 2019 年产品销售数据，全球药品销售前 100 排行榜中，单抗、抗体、疫苗、融合肽、重组蛋白等生物技术药共 50 种，销售总额达 1890. 29 亿元，占 2019 年全球生物药品前 100 排行榜销售总额的 55. 55%。生物技术的发展对药物研发产生了深远影响，涌现了诸多快速发展的研究方向和前沿领域，如基因编辑技术、CAR-T 细胞治疗技术、单克隆抗体技术、个性化药物和生物标志物、干细胞医疗、肿瘤免疫疗法、合成生物学和生物大数据等（表 1－2）。

表 1-2 全球药物创新前沿技术领域

前沿领域	具体内容
基因编辑技术	对基因进行定点突变、敲入以及多位点同时突变和小片段的删除等，以预防和治疗疾病
CAR-T 细胞治疗技术	嵌合抗原受体 T 细胞免疫疗法（CAR-T）——把人类的 T 免疫细胞取出在体外进行改造，在其表面接上肿瘤抗原的受体（相当于给 T 细胞增加对肿瘤识别敏感的导向装置），把这种细胞在体外扩增后再输回人体，它就能对肿瘤细胞产生监控和遏制作用
单克隆抗体技术	通过细胞融合和筛选杂交瘤细胞制备抗体，用于治疗免疫性疾病、发现肿瘤、检测激素和制作活性疫苗
个性化药物和生物标志物	根据人的遗传差异来研发和使用不同的药物，用于不同的人身上，也就是个性化药物和精准医疗，最热门的领域是肿瘤药物研究
干细胞医疗	基于干细胞具有的多向分化和自我更新的潜能，将其进一步分化成为多种类型的细胞。在治愈代谢性疾病、心血管疾病及修复人体重要组织器官损伤等重要疾病方面，干细胞及其分化产品提供了新途径
肿瘤免疫疗法	通过 PD-1、PD-L1 抑制剂来调动自身免疫系统功能，从而抗击癌细胞
合成生物学	合成生物学是由信息技术、工程学、化学以及生物学相互交叉形成，是为了应用的目的，重新设计尚存的自然生物学系统以及建造和设计新的生物学的系统、设备和配件
生物大数据	基于大数据和人工智能的精准药物设计、靶向 G 蛋白偶联受体（GPCR）、离子通道等膜蛋白的新药发现技术、泛素介导的靶向蛋白降解技术（PROTAC）、DNA 编码集中库的合成及筛选新技术等。

资料来源：根据《生物医药创新前沿与我国生物医药的发展》[①]整理。

全球生物医药产业呈集中化发展态势。发达国家在资金、人才、技术密集领域逐步形成发展了一批生物医药产业集群和产业园区，如美国的波士顿、旧金山、圣地亚哥、华盛顿-巴尔的摩、北卡三角研究地带等，德国的纽伦堡医谷、柏林-勃兰登堡、图特林根以及莱茵河上游金三角生物谷等，法国的巴黎基因谷、阿尔萨斯生物谷、医疗微技术集群、里昂生物科技园区等，以及丹麦-瑞典奥瑞桑德区域的生物医药谷等。与此同时，中国、印度等发展中国家和新兴市场国家也日益成为全球生物医药产业发展的新发动机。

①陈凯先. 生物医药创新前沿与我国生物医药的发展［J］. 世界科学，2019（7）：34-36.

美日欧的生物医药创新发展实力位居世界前列，在全球药品市场中占据主导地位①。美国生物医药产业研发实力遥遥领先，欧洲生物医药产业技术发展水平位居世界领先地位，日本生物医药产业发展后来居上并在亚洲处于领先地位。根据知识产权产业媒体 IPRdaily 中文网与 incoPat 创新指数研究中心联合发布的“2020 年全球生物医药产业发明专利排行榜（前 100）”，美国、日本、中国、德国、英国、法国、瑞士、韩国、丹麦生物医药产业发明专利占比共达 94%，其中美国占比达 48%。根据美国《制药经理人》（*Pharmaceutical Executive*）杂志发布的“2020 年全球制药企业前 50 排行榜”、QMED 发布的“2019 年医疗器械企业百强榜单”，美国、日本、中国、德国、英国、法国、瑞士、韩国、丹麦上榜企业数量均位居前列（表 1－3）。由此可知，美国、日本、中国、德国、英国、法国、瑞士、韩国、丹麦等国家是全球生物医药产业创新产出的主要国家。

表 1－3　2020 年全球生物医药产业发明专利排行榜排名情况

国家	2020 年全球生物医药产业发明专利排行榜（前 100）占比/%	2020 年全球制药企业前 50 排行榜占比/%	2019 年医疗器械企业百强榜单占比/%
美国	48	30	49
日本	12	20	10
中国	8	8	6
德国	7	6	6
英国	5	6	4
法国	5	6	1
瑞士	4	4	4
韩国	3	—	3
丹麦	2	2	3
以色列	—	2	—
新加坡	—	—	—
印度	—	4	—
总计	94	88	86

数据来源：2020 年全球生物医药产业发明专利排行榜（前 100）、2020 年全球制药企业前 50 榜单、2019 年医疗器械企业百强榜单。

①陈健，陈志. 北京生物医药产业全球价值链攀升的障碍与策略［J］. 全球科技经济瞭望，2019（4）：19－25.

我国生物医药产业创新发展态势迅猛。我国生物医药产业发展起步较晚，中华人民共和国成立以来我国走过了跟踪仿制阶段、模仿创新阶段，正迈向原始创新阶段。20 世纪 50—90 年代，我国主要依靠跟踪仿制国外药物支撑产业发展和临床医疗用药。20 世纪 90 年代开始，我国先后与美国、欧洲、日本签订了知识产权保护协定，随后又加入了世界贸易组织，药物的化学结构被纳入知识产权保护的范围。我国的新药研究主要根据国外发现的药物靶点，研发具有新颖化学结构和自主知识产权的药物，即“me-too①，me-better②”药物。近年来，在国家产业政策的大力支持下，我国生物医药产业创新发展逐步缩小了与先进国家的差距，当前正处于走向原始创新的过渡阶段。据统计，截至 2020 年 2 月，我国在研创新产品数量与全球首发上市新药数量对全球的贡献率分别为 13.9% 和 6%，而在 2015 年，贡献率仅为 4.1% 和 2.5%，这充分说明我国生物医药产业创新能力大幅提高。从区域分布看，我国生物医药产业逐步形成以长三角、环渤海、珠三角、成渝地区为核心的区域发展格局，主要集聚在北京、上海、广东、江苏以及四川等创新能力较强的省市。

1.2 我国生物医药产业创新发展迎来重大机遇

1.2.1 生物医药产业是我国乃至全球重点发展的产业

近年来，各国政府把生物医药产业作为本国优先发展的重点产业，不断从国家战略层面提出相关创新战略与政策，加速抢占生物医药技术及产业制高点。美国持续出台生物安全战略以推动生物医药创新，并纳入美国创新战略重点支持内容，专门成立生物技术委员会，实施“精准医疗计划”等重大计划，鼓励支持药品研发和医疗新方法新技术创新；日本实施生物产业立国战略，颁布《健康与医疗战略推进法》；英国发布《英国生物科学前瞻》；俄罗斯发布《俄罗斯联邦至 2020 年生物技术发展综合计划》等。与此同时，我国也高度重视生物医药产业创新发展，制定了一系列较系统的生物医药产业创新政策。

①me-too 药物指具有自己知识产权的药物，其药效和同类的突破性药物相当。这种旨在避开专利药物的产权保护的新药研究，大都以现有的药物为先导物进行研究。

②me-better 药物指仿制创新药物，在安全性和有效性方面跟上市或临床药品相比更具特色。在新药研发创新活动中，me-better 是一条发现创新药物的重要途径，相比 me-too 药物做得更深入。

其中，国务院2010年发布的《关于加快培育战略性新兴产业的决定》，将生物医药产业作为国家重点发展的战略性新兴产业之一；2015年发布的《中国制造2025》将高性能医疗器械以及生物医药作为重点突破领域；2019年，国务院印发了《国务院关于实施健康中国行动的意见》，大力支持生物医药等大健康产业发展。另外，随着生物技术与信息科学的融合发展，生物医药产业发展进入人工智能时代，人工智能逐步在医学影像辅助诊断、药物研发辅助和健康管理等领域普遍应用，带来了疾病治疗、诊断、预防等全过程的智能化和信息化，此领域我国与国外发达国家站在同一起跑线上，面临难得的历史发展机遇。

1.2.2 我国日趋严重的人口老龄化迫切需要加快生物医药产业发展

我国人口规模大且老龄化的速度有所加快，加剧了对生物医药创新产品及医疗服务的需求。根据国家统计局发布的数据，2020年我国60岁及以上人口有2.6亿人，65岁及以上人口有1.9亿人，占人口总数的比例分别达到18.70%、13.50%。2010—2020年，60岁及以上人口比重上升了5.44个百分点，65岁及以上人口上升了4.63个百分点。根据中国发展基金会发布的《中国发展报告2020》，预测到2050年全国将有近5亿老年人，而2050年人口规模预计在13.6亿～13.8亿，未来老龄化趋势越来越严重，迫切需要加快生物医药产业发展，满足日益增长的生物医药产品和服务需求。另外，随着人们生活水平的提高、健康意识的增强，人们对医疗产品和服务的需求已从最基本的医疗保障到个性化智能化产品，这就需要更丰富的医药健康产品和服务来支撑，我国生物医药产业发展前景广阔、市场需求旺盛。根据Evaluate Pharma的统计，2018—2024年，全球药品销量复合增长率将保持在6.4%以上。

1.2.3 国外生物技术管制迫使我国大力推动生物医药科技自立自强

近年来，随着我国生物医药产业创新发展能力的不断提升，生物医药等相关生物技术也成为欧美国家技术管制的重点领域，特别是美国在生物医药领域对我国实施技术管制。2018年以来，美国多次公布加征关税的中国商品清单，涵盖了药品、医疗器械、化合物等。2018年11月，美国商务部工业安全署公布了一份针对关键新兴和基础技术及相关产品的出口管制清单，涵盖生物技术、人工智能（AI）和机器学习技术等14类技术，具体包括合成生物学、基因组和基因工程、神经科学、生物材料、AI 芯片、3D 打印、神经控制接口、脑－机接口等，对我国生物医药产业创新发展产生直接影响。为应对突发挑战，防范风险，我国需要不断加强生物医药领域的技术研发，力争实现生物医药领域引领性原创成果的重大突破，增强生物医药领域科技自立自强能力。

1.2.4 新冠肺炎疫情推动我国加快推进生物医药产业创新发展

新冠肺炎疫情的防控进一步凸显了生物医药产业在保障人民生命健康中的重要作用，也为生物医药产业创新发展提供了新机遇。习近平总书记高度重视新冠肺炎疫情科研攻关和生物医药产业发展，多次作出重要指示。2020 年 2 月，习近平总书记在中央政治局常委会会议研究部署统筹做好疫情防控和经济社会发展工作时强调，要推动生物医药、医疗设备等加快发展。全国各地均高度重视生物医药产业创新发展，支持开展新冠肺炎疫情科研攻关和医药器械新产品研发创新。北京、上海、广州、深圳、重庆、杭州等地纷纷出台生物医药产业创新发展相关政策，如北京出台《北京市加快医药健康协同创新行动计划（2021—2023 年）》，上海出台《关于促进本市生物医药产业高质量发展的若干意见》，广州修订实施《广州市加快生物医药产业发展若干规定》，深圳市发布《深圳市人民代表大会常务委员会关于加快生物医药产业高质量发展的决定》。另外，近年来中共中央、国务院相继出台《中共中央国务院关于促进中医药传承创新发展的实施意见》《关于加快中医药特色发展的若干政策措施》，中医药产业得到快速发展，在新冠肺炎诊治过程中发挥了重要的独特作用和优势。

第2章　生物医药产业创新发展理论研究

生物医药产业是典型的研发主导型、创新密集型产业，研发投入和研发环节一般占整个产业链的主要部分，一旦研发创新成功，往往会带来巨大产业红利和社会福祉。本章阐述生物医药产业创新发展相关理论，研究提出影响生物医药产业创新发展的主要影响因素，为系统分析国外生物医药产业创新发展情况及政策经验提供理论基础。

2.1　概念内涵及分类

生物医药产业是以生命技术和生物科学为基础，结合系统科学、工程控制、信息学等技术手段和理论，研发、生产和销售用于预防、治疗、诊断和康复产品的行业，包括生物技术产业和医药产业（图2-1）。其中，生物技术产业主要指利用生物技术生产基因工程药物、生物化学药品的生物技术药产业；医药产业主要包括化学药产业、中药产业、医疗器械产业①。因此，生物医药产业主要涵盖生物技术药、化学药、中药、医疗器械等产业。

①王小宁，李文全，王菊芳．广东生物医药产业及促进政策研究［M］．广州：华南理工大学出版社，2011．

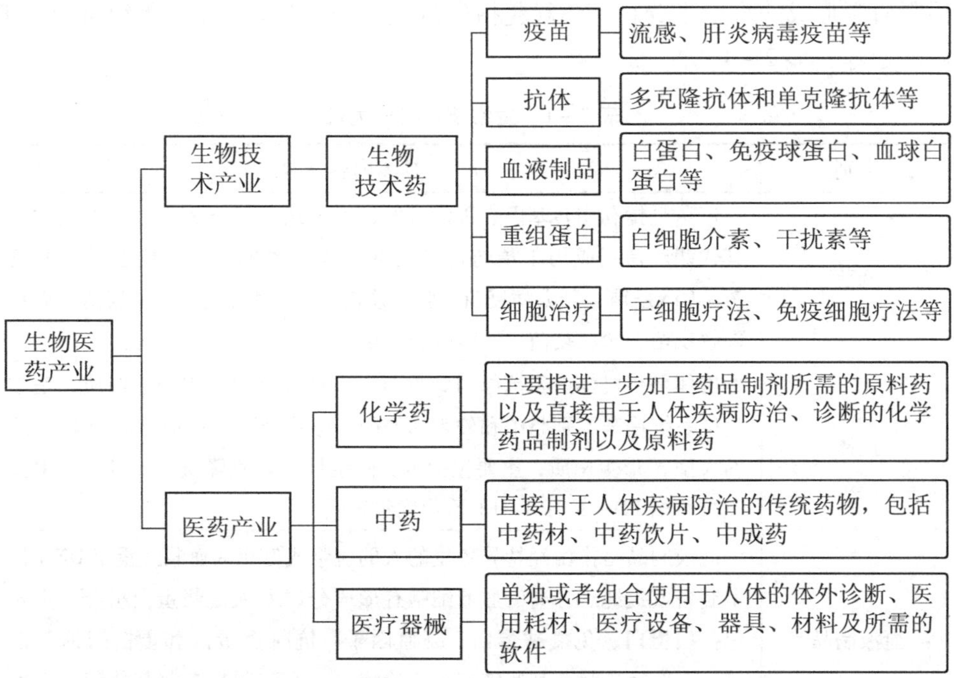

图 2－1　生物医药产业主要分类

资料来源：根据《广东生物医药产业及促进政策研究》[①]整理。

2.1.1　生物技术药

20 世纪 70—80 年代，以基因工程、单克隆技术为核心的一系列现代生物技术的出现，使人们可以在分子水平上对基因进行修饰和重组，并改变生物性状，以此研究新型药物，带来了人类预防、诊断、治疗疾病的革命性变化，引起了生物医药产业结构的重大变革[②]。生物技术药综合制药学、生物技术、生物化学、医学、化学、微生物学等学科的方法和原理，采用 DNA 重组技术、单克隆抗体技术或其他生物新技术研制而成的用于预防、治疗和诊断的制品。生物技术药主要是以天然的生物材料（生物体、生物组织、细胞、体液）为

①王小宁，李文全，王菊芳．广东生物医药产业及促进政策研究［M］．广州：华南理工大学出版社，2011.

②王健聪．生物医药产业发展规律与政策研究：基于产业经济的视角［D］．武汉：华中师范大学，2011.

原料研制形成的大分子药物，一般包括疫苗、抗体、血液制品、重组蛋白、细胞治疗等（表2－1）。

表2－1　生物技术药分类表

类别	具体内容
疫苗	疫苗是指利用转基因、灭活或经过人工减毒等方法将病原微生物及其代谢产物制成用于预防传染病的自动免疫制剂，主要包括乙肝疫苗、Hib疫苗、狂犬病疫苗、肺炎疫苗、HPV疫苗、EV71疫苗、流感裂解疫苗、轮状疫苗、新冠肺炎疫苗等
抗体	抗体是指机体由于抗原的刺激而产生具有保护作用的蛋白质，是被免疫系统用来鉴别与中和外来物质的、由浆细胞（效应B细胞）分泌的大型Y形蛋白质，主要包括多克隆抗体和单克隆抗体。其中，单克隆抗体如PD－1、PD－L1治疗优势较明显
血液制品	血液制品是指由经特异免疫的人的血浆或健康人血浆经重组DNA技术制备或提纯、分离的血液细胞有形成分以及人血浆蛋白组分，主要包括白蛋白、免疫球蛋白、凝血因子、抗凝血蛋白和蛋白酶抑制剂等。在医疗抢救及某些特定疾病治疗上，血液制品有着其他药品不可替代的重要作用
重组蛋白	包括白细胞介素、干扰素、肿瘤坏死因子、集落刺激因子、生长因子、趋化性细胞因子等
细胞治疗	主要分干细胞疗法和免疫细胞疗法，其中以免疫细胞CAR－T为主

资料来源：根据《疫苗相关不良事件研究综述》[①]整理。

2.1.2　化学药

18世纪的化学革命，使化学萃取等实验方法得到突破性的发展，人们能够从天然物质中分离提取药用活性物质，并对简单的有机化合药物进行合成和分离，为化学制药产业的发展奠定了基础。19世纪末先后出现的阿司匹林、撒尔佛散等开创了化学制药的新纪元，化学制药产业形成。20世纪30年代之后，有机化合物和天然化合物维生素、抗生素等的成功分离和合成，确定并巩

①欧阳旭，毕然，张波，等．疫苗相关不良事件研究综述［J］．中国医院药学杂志，2021（7）：753－757．

固了化学制药产业的基础性地位①。化学药物是以化合物作为物质基础，利用化学、生物等技术，从矿物或动植物中提取的有效成分改造而成的小分子有机化合物。化学药按产品形式分，一般分为原料药和制剂（表2－2）。与生物技术药相比，化学药适用范围广，主要以片剂或胶囊为主，量小且结构简单、性质稳定，无明显特异性，可用性强（表2－3）。

表2－2 化学药分类表

类别	具体内容	
原料药	大宗原料药	指市场需求相对稳定、应用较为普遍、规模较大的传统药品原料药，包括抗感染类、抗生素类、维生素类、氨基酸类和激素类等，还包括一些中间体
	特色原料药	分为两类，一类是过专利期药品的特色原料药，即仿制药、原料药；另一类是专利期内药品的原料药，主要包括他汀类、普利类、沙坦类
制剂	指直接用于人体疾病防治、诊断的化学药品制剂，可分为抗感染用药、神经系统用药、抗肿瘤药、心血管系统用药、血液和造血用药、呼吸系统用药、消化系统用药、免疫调节剂、内分泌及代谢调节用药等	

表2－3 生物技术药与化学药的区别

区别属性	生物技术药	化学药
分子特性	分子量大，三维结构复杂	分子量小，结构相对简单
稳定性	不稳定，易变性，易失活，易被微生物污染和酶解	比较稳定
特异性	存在种属特异性，药理活性与动物种属和组织特异性有关	无明显特异性
免疫反应	会引起体内免疫反应	一般不会引起免疫反应
药物剂型	注射剂为主	片剂或胶囊为主
治疗原理	通过刺激机体免疫系统产生免疫物质发挥功效，在人体内产生体液免疫、细胞免疫或细胞介导免疫	信号传导的抑制剂，阻断肿瘤等疾病因子在生长、增殖过程中的信号传导通路，达到治疗目的

①王健聪．生物医药产业发展规律与政策研究：基于产业经济的视角［D］．武汉：华中师范大学，2011．

2.1.3 中药

中药具有几千年的发展历史。对中药的认识起源于人们发现食用了某些动、植物后具有减轻或消除病痛的功效，到后来的“神农尝百草”和“药食同源”，开始有目的地寻找防治疾病的药物和方法。中药是指在中医药理论指导下使用的药用物质及其制剂，包括中药材、中药饮片和中成药等（表2－4），主要来源于天然药及其加工品①。在生产工艺上，中药主要采用物理方法，尽量保留天然药材的药性，按病情需要和药性特点，将多味药物配合同用，利用药性的配伍达到治疗疾病的目的。在药物疗效上，中药的药效及治疗周期长，但是副作用小、治标治本，在预防疾病和治疗慢性疾病上有明显的优势②。

表2－4 中药分类表

类别	具体内容
中药材	一般指药材原植物、动物、矿物除去非药用部位的商品药材，部分药材具有“药食同源”的特点，可直接当作食品和保健品，如当归、金银花、枸杞等。药材未注明炮制要求的，均指生药材，应按照药材炮制通则的净制项进行处理
中药饮片	将原药材进行净选、切制和其他炮制等工艺而制成一定规格的炮制品，如中药配方颗粒，以中药材为原料，经过炮制、提取和浓缩而成的单味颗粒，供临床配方使用，具有不需煎煮、卫生方便等优点，如明粉、白附片、马钱子粉等
中成药	在中医理论的指导下，以中药饮片为原材料，按照一定的方剂和精制工艺将中药加工或提取后加工制成具有一定规格（包括用传统制作方法制成的丸、散、膏、丹等剂型和用现代药物制剂技术制作的片剂、针剂、胶囊、口服液等专科用药）、可以直接用于防病治病的一类药品，如六味地黄丸、人参鹿茸丸等

①程红，严定策，武利庆，等．圆二色光谱在药物分析中的应用［J］．药物分析杂志，2021（4）：559－571．

②陈艳君．江西中医药产业发展战略研究［D］．南昌：江西财经大学，2018．

2.1.4 医疗器械

医疗器械指直接或者间接用于人体的仪器、设备、器具、体外诊断试剂及校准物、材料以及其他类似或者相关的物品，可分为体外诊断、医用耗材、医疗设备等（表2-5）。医疗器械主要用于疾病的诊断、预防、监护、治疗或者缓解，效用主要通过物理等方式获得，不是通过药理学、免疫学或者代谢的方式获得。医疗器械产业是多学科发展的综合体现，新材料、软件、精密制造行业的发展对高端医疗设备的发展有至关重要的影响。国家根据风险程度对医疗器械进行分类管理：第一类是低风险的医疗器械，常规管理的引入可以保证医疗器械的有效性和安全性；第二类是中风险的医疗器械，需要严格的管理和控制；第三类是高风险的医疗器械，必须采取特殊措施加以控制，确保其有效性和安全性（表2-6）。

表2-5　医疗器械分类表

类别	具体内容
体外诊断	即IVD，指在人体外通过对人体样本进行检测而获取临床诊断信息，进而判断疾病或机体功能的产品和服务，包括生化诊断试剂、免疫诊断试剂、分子诊断试剂、微生物诊断试剂、尿液诊断试剂、凝血类诊断试剂、血液学和流式细胞诊断试剂、POCT（即时检验）试剂以及体外诊断设备等
医用耗材	用于诊断、治疗、保健、康复等的消耗性器件设备，根据设备价值可分为高值耗材、低值耗材
医疗设备	单独或者组合使用于人体的仪器、器具、材料、设备或者其他物品，包括医用设备、家用设备、制药设备及设备所需要的软件

表2-6　一类、二类、三类医疗器械审批监督管理规定

类别	定义	注册管理	生产管理	经营与使用管理
一类医疗器械	风险程度低，实行常规管理可以保证其安全、有效的医疗器械	实行产品备案管理，由备案人向所在地设区的市级人民政府负责药品监督管理的部门提交备案资料	应当向所在地设区的市级人民政府负责药品监督管理的部门备案	—

续表

类别	定义	注册管理	生产管理	经营与使用管理
二类医疗器械	具有中度风险，需要严格控制管理以保证其安全、有效的医疗器械	实行产品注册管理，注册申请人应当向所在地省、自治区、直辖市人民政府药品监督管理部门提交注册申请资料	应当向所在地省、自治区、直辖市人民政府药品监督管理部门申请生产许可并提交医疗器械生产活动有关资料以及所生产医疗器械的注册证	由经营企业向所在地设区的市级人民政府负责药品监督管理的部门备案并提交医疗器械经营活动有关资料
三类医疗器械	具有较高风险，需要采取特别措施严格控制管理以保证其安全、有效的医疗器械	实行产品注册管理，注册申请人应当向国务院药品监督管理部门提交注册申请资料		经营企业应当向所在地设区的市级人民政府负责药品监督管理的部门申请经营许可并提交医疗器械经营活动有关资料

资料来源：根据《医疗器械监督管理条例》整理。

2.2 生物医药产业创新链

生物医药产业创新链可分为基础研究、临床前研究、临床试验、生产应用等环节。另外，政府相关部门对于药品器械各类审批监管渗透到生物医药产业创新的各个环节，也属于生物医药产业创新链的重要内容。由于不同类别的生物医药创新产品特性不一，药物与医疗器械间、不同类型药物间在基础研究、临床前研究、临床试验等创新环节有所差异。其中，生物技术药与化学药创新环节大体相似，基础研究环节的主要任务为靶标确定、模型建立、先导物发现与优化，临床前研究、临床试验流程、研究内容及审批监管机制也大体一致，上述环节均须完成后才能申请药品注册上市和生产应用（图2-2）。中药较多成果以院内制剂、经典名方形式出现，临床前研究、临床试验评价环节标准不统一、复杂性也较低。医疗器械属于多学科融合领域，医疗器械创新流程与药品大体相当，除部分工作机理明确、设计定型、生产工艺成熟的产品外，医疗器械产品注册、备案应当进行临床评价①。

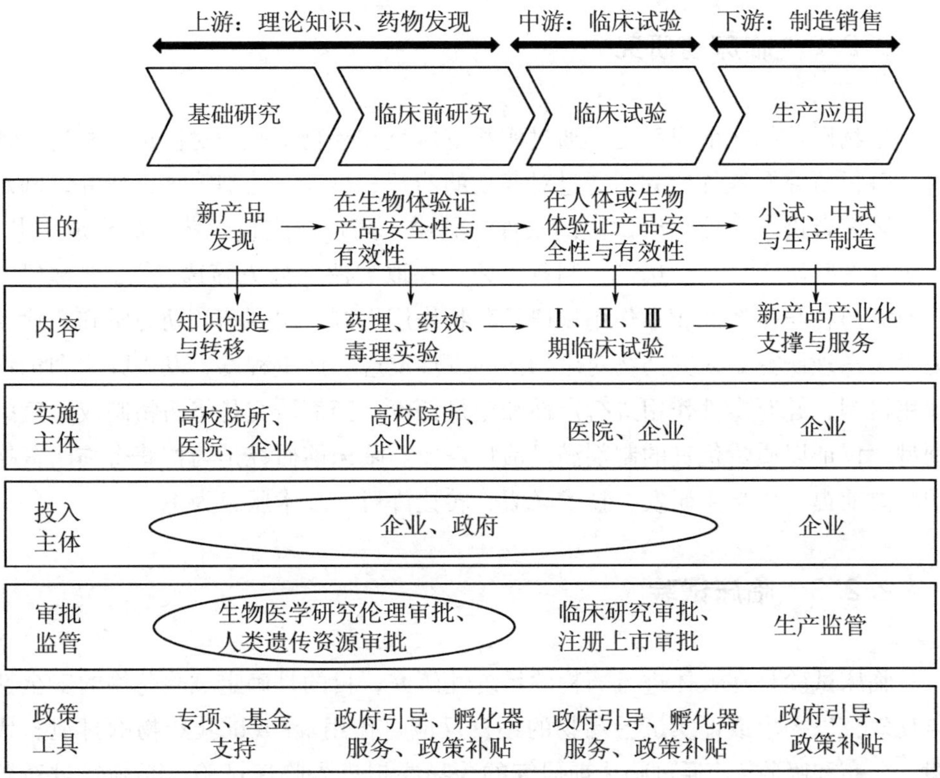

图2-2 生物医药产业创新链（以化学药、生物技术药为例）

2.2.1 基础研究

药物发现是基础研究的核心内容，这一环节的目的是确定进入临床前试验的候选药物。针对治疗疾病及疾病相关靶点，利用基因组技术、蛋白结晶技术或通过植物、动物、矿物、微生物和海洋生物等多种途径获取相关物质，并通过计算机辅助药物分子设计、蛋白质水平检测、细胞水平检测等方法，建立药物模型并筛选、评价药物，找出具有显著药理特性的先导物。在发现先导物后，经过组合化学、蛋白质改造等处理方式，优化先导物的治疗指数，形成结构类型新颖、药效最佳的物质作为候选药物。这一过程具体可分为靶标确定、

①中华人民共和国国务院．医疗器械监督管理条例［M］．北京：人民出版社，2014.

模型建立、先导物发现、先导物优化4个阶段①。

2.2.2 临床前研究

生物医药临床前研究是指通过实验室研究和动物实验，对候选药物进行评价、分析研究及提纯研究，通过对药物的药理、毒理、药剂等进行研究，确定其是否符合进入人体临床试验的条件。其中，药理研究包括药物的合成工艺、稳定性考察研究、剂型选择、制备工艺、提取方法、处方筛选等②。药理研究是研究药物与机体间相互作用规律及药物作用机制，包括药效动力学和药代动力学。毒理研究是研究药物对生物体的毒性反应、严重程度、发生频率和毒性作用机制，并对毒性作用进行定性和定量评价。药剂研究是将药物制成适宜的剂型，保证以质量优良的制剂满足治疗需要。临床前研究是药物获得临床资格的必要前提，以自主研发、技术联盟、转让许可、技术服务为主。

2.2.3 临床试验

临床试验是在人体进行药物的系统性研究，目的是确定试验药物的安全性与疗效，以揭示或证实试验药物的不良反应、作用及/或试验药物的排泄、代谢、分布和吸收③。通过临床前研究的药物要想进入临床试验，必须经过新药临床试验申请（IND）。一般分为Ⅰ、Ⅱ、Ⅲ、Ⅳ期临床试验和生物等效性试验（表2-7），临床试验完成前三期后，可向药监部门提出新药上市申请（NDA）④。临床试验一般由科研院所、临床试验医院/基地、合同研究机构（CRO）、医院和患者等共同完成，科研院所与临床试验医院等提供基础研究设施与资料，合同研究机构发挥着提供临床方案、专业补充等作用，患者是开展药物试验的受试主体。

---

①④王健聪．生物医药产业发展规律与政策研究：基于产业经济的视角［D］．武汉：华中师范大学，2011．

②药品注册管理办法［EB/OL］．（2020-08-31）［2021-08-19］．https://www.nmpa.gov.cn/xxgk/fgwj/bmgzh/20200330180501220.html．

③程晓华，刘丽忠，吕农华．浅谈我院药物临床试验，机构运行管理模式的构建［J］．中国新药与临床杂志，2013（5）：362-365．

表 2－7　临床试验各阶段情况

类型	主要内容	数量
Ⅰ期临床试验	初步的人体安全性评价及临床药理学试验。观察人体的药代动力学和对于新药的耐受程度，为制定给药方案提供依据	10 ～ 30 例
Ⅱ期临床试验	初步对治疗作用进行评价的阶段。其目的是为Ⅲ期临床试验给药剂量方案和研究设计的确定提供依据，也包括初步对目标适应证患者的实验药物进行安全性和治疗作用的评价	100 ～ 300 例
Ⅲ期临床试验	治疗作用确证阶段。一般该试验应为具有足够样本量的随机盲法对照试验。其目的是进一步验证对目标适应证患者的治疗过程的安全性与其治疗作用，并且验证之后对于过程中风险与利益的关系也需要进行评价，最终为进行注册申请的药品的审查过程提供充足证据	300 例以上
Ⅳ期临床试验	新药上市后应用研究阶段。其目的是在广泛使用的条件下，对药物的不良反应和疗效进行考察，评价在普通人群或特殊人群中使用药物的改进给药剂量以及评价药物使用的利益与风险关系等	至少 2000 例
生物等效性（EAP 临床）试验	这类临床试验会在特定的条件之下，让不适合参加对照试验且有严重疾病的患者得到正处于临床试验阶段的研究新药的治疗	—

资料来源：根据《药品注册管理办法》①整理。

2.2.4　生产应用

生物医药创新产品生产应用主要包括制造和销售两个环节。创新药物和医疗器械研发成功并获得药品注册证/医疗器械注册证后进入制造环节，生产患者可直接使用的最终药品器械。制造过程对所使用设备和人员资格能力等方面都有严格的程序和明确的要求。销售环节是生物医药产业创新价值链上的最后

①药品注册管理办法［EB/OL］.（2020－08－31）［2021－08－19］. https://www.nmpa.gov.cn/xxgk/fgwj/bmgzh/20200330180501220.html.

一个环节，与其他商品不同，生物医药产品的营销方式分为非处方药销售方式和处方药销售方式①。另外，药物器械的医保采购、集中采购与普通商品的政府采购也有所区别。

2.2.5 全流程审批监督

审批监督贯穿生物医药基础研究、临床前研究、临床试验、生产应用等各个创新环节。其中，生物医学研究伦理审查、人类遗传资源审批是开展生物医药基础研究、临床前研究、临床试验重点审批监管的内容。生物医学研究伦理审查由卫健部门牵头负责，对涉及人的生物医学研究均需要按照相关管理规定开展相关工作。我国专门出台《中华人民共和国生物安全法》《中华人民共和国人类遗传资源管理条例》等法律法规，规范人类遗传资源管理，具体由科技部门牵头负责。对于需要获得临床试验申请才能进入临床试验的医疗器械、药物，其临床试验开展前均需要提请临床试验申请。药物、医疗器械上市前均需要通过上市注册审批获得注册上市证书。在生产制造环节，同样面临药监、药品审评、医疗器械审评等部门的审批监督（表2－8）。

表2－8 药物、医疗器械全流程审批监督情况

	类型	审批监管	负责部门	具体内容
基础研究审批监管	药物	生物医学研究伦理审查	卫健部门	对涉及人的生物医学研究均需要按照相关管理规定开展相关工作
		人类遗传资源审批	科技部门	加强对我国人类遗传资源和生物资源的采集、保藏、利用、对外提供等活动的管理和监督，保障人类遗传资源和生物资源安全
	医疗器械	生物医学研究伦理审查	卫健部门	对涉及人的生物医学研究均需要按照相关管理规定开展相关工作

①王健聪．生物医药产业发展规律与政策研究：基于产业经济的视角［D］．武汉：华中师范大学，2011.

续表

	类型	审批监管	负责部门	具体内容
临床前研究审批监管	药物	生物医学研究伦理审查	卫健部门	对涉及人的生物医学研究均需要按照相关管理规定开展相关工作
		人类遗传资源审批	科技部门	加强对我国人类遗传资源和生物资源采集、保藏、利用、对外提供等活动的管理和监督，保障人类遗传资源和生物资源安全
	医疗器械	生物医学研究伦理审查	卫健部门	对涉及人的生物医学研究均需要按照相关管理规定开展相关工作
临床试验审批监管	药物	药物临床试验审批	药监部门、药品审评中心	确保新药临床研究的安全性，防止给临床试验受试者带来不必要的风险
		新药上市注册审批	药监部门、药品审评中心	确保上市药品安全有效和质量可控
	医疗器械	医疗器械临床试验审批	药监部门、医疗器械技术审评中心	第一类医疗器械不需要进行临床试验，其实行的是产品备案制，而第二类、第三类医疗器械产品应进行临床试验，实行注册制
		医疗器械上市注册审批	药监部门、医疗器械审评中心	对拟上市销售、使用的医疗器械的安全性、有效性进行系统评价，一类、二类、三类医疗器械上市前均需获得注册证
产业化应用审批监管	药物	药品生产许可证	药监部门、药品审评中心	根据《药品生产监督管理办法》，从事药品生产，应当符合以下条件：①符合药品生产质量管理规范要求，并且有保证药品质量的规章制度；②有必要的仪器设备，该设备能对所生产药品进行质量检验和质量管理；③有能对所生产药品进行质量检验和质量管理的人员、机构；④有与药品生产相适应的卫生环境、设备、设施和厂房；⑤有依法经过资格认定的工程技术人员、药学技术人员及相应的技术工人

续表

	类型	审批监管	负责部门	具体内容
产业化应用审批监管	医疗器械	医疗器械生产监督	药监部门、医疗器械审评中心	根据《医疗器械生产监督管理办法》，从事医疗器械生产，应当具备以下条件：①符合产品生产工艺、研制文件规定的要求；②有相关的售后服务能力，能与生产的医疗器械相适应；③有相关的管理制度，能保证医疗器械质量；④有检验设备以及专职检验人员或者相关的机构对生产的医疗器械进行质量检验；⑤有与生产的医疗器械相适应的专业技术人员、生产设备、环境条件以及生产场地

资料来源：根据《药品注册管理办法》《药品生产监督管理办法》《医疗器械生产监督管理办法》《医疗器械监督管理条例》等整理。

2.3 生物医药产业创新的主要特点

2.3.1 具有“四高一长”的典型特征

生物医药是典型的“四高一长”产业，表现为高技术、高投入、高收益、高风险和长周期。其中，高技术主要表现在对参与者素质的严要求、高标准，以及对生产环境、生产设备的高要求①；药品研发既结合了发酵工程、酶工程、细胞工程以及基因工程等工程学科知识，又与临床医学、药物分析、药剂学、药理学、药物化学等医学知识和制药学科紧密结合。高投入表现在资金、人才、设备等方面的高投入，即生物医药产品研发费用高，投入以亿元为单位进行计算；研发设施投入高，建造符合生物制品安全规范的洁净厂房和其他生产所需的相关设施费用高；高技术人才投入高，主要体现在高技术研发人员的工资成本高。高收益表现为生物医药产品的高附加值能够带来高额利润，尽管新药研发前期需要大量资金投入，但只要研发成功并投入市场，在保护周期内

①胡世清．生物技术在医药领域的应用［J］．生命科学仪器，2003（6）：27－31.

的新药具有药品市场的垄断地位，前2～3年企业一般能收回前期投资，并在后期取得较大收益。高风险表现为药品器械研发本身面临可能失败的风险，主要源于药品器械研发程序的复杂性与开发周期的长期性，一般新药研发成功率低，如进入Ⅰ期临床试验的新药项目最终有90%左右难以获批上市；生物技术药物开发的成功率为5%～10%。长周期表现在药品器械从研发到上市需要经过实验室研究、多阶段临床试验、多环节审批并最终获批注册证书等环节，这个过程往往需要很长的开发时间，新药开发一般需要8～10年甚至更久①。

2.3.2 政府对生物医药产业创新发展具有重要的引导作用

生物医药产业创新具有“四高一长”的特点，更加需要政府发挥激励引导作用。基础研究是最需要发挥政府引导作用的环节，生物医药基础研究具有很强的不确定性、高投入性和高风险性，企业创新意愿不足、创新投入不足时，政府需要发挥弥补市场失灵的作用，直接投入专项经费支持基础研究，并通过实施研究开发费用补助、研发费加计扣除、风投创投财税政策等给予引导支持，降低基础研究风险，激励企业事业单位加大基础研究投入。在临床前及临床研究环节，临床前研究、临床试验启动与获批均需要通过政府相关机构的审批，临床研究则需要严格按照相关部门出台的制度规范开展，政府对于临床研究和试验的管理制度、操作流程具有重要影响。在生产制造及应用环节，药品医疗器械的生产销售涉及社会民众的身体健康，生产企业需要获得相关政府机构的批准，政府在这个过程发挥严格的监管审批作用。同时，医保采购是药品、医疗器械销售的重要渠道，对医药器械产品市场化应用具有重要影响。

2.3.3 集聚化特征明显

生物医药产业研发周期长、投入高，单个机构难以独立完成从研发到生产的全过程，对集群环境的依赖性强成为生物医药产业创新的重要特征。产业集群能够集聚大量的融资机构、科研机构、高校和企业，能够集聚信息、知识、项目、技术、人才、资金，同时集群内企业可以在集群范围内寻找最佳的合作伙伴，有利于降低研发风险，提高成果转化和产业化成功率②。美国形成了波

---

①田伟东．促进我国生物医药产业发展的财税政策研究［D］．福州：福州大学，2017.

②邵棉丽．上海生物医药产业空间集聚与扩散研究［D］．上海：华东师范大学，2016.

士顿、旧金山、圣地亚哥、华盛顿－巴尔的摩、北卡三角研究地带等产业集聚区；德国形成了纽伦堡医谷、柏林－勃兰登堡地区、德国图特林根以及莱茵河上游金三角生物谷等产业集聚区；法国拥有巴黎基因谷、阿尔萨斯生物谷、医疗微技术集群、里昂生物科技园区等产业集聚区；我国生物医药产业集聚区主要分布在长三角、环渤海、珠三角和成渝地区。

2.3.4 在突发疾病科研攻关中具有至关重要的支撑作用

新冠肺炎疫情发生以来，习近平总书记多次强调生物医药科技创新对疫情防控的重要作用，提出要统筹各方面科研力量，推动生物医药发展。针对新冠肺炎疫情科研攻关，提出了临床救治和药物、疫苗研发、检测技术和产品、病毒病原学和流行病学、动物模型构建等五大主攻方向①。要完成这五大主攻任务，必须以生物医药产业创新体系作为支撑。新冠肺炎疫情的暴发不仅凸显了生物医药产业创新体系的重要性，也对生物医药在应急科研攻关体系、重大平台建设、产业链布局等方面的高质量发展提出了更高要求。新冠肺炎疫情的暴发使我们更加深刻认识到生物医药产业创新体系在国家创新体系和治理体系中的重要地位。构建重大疾病防控科研攻关体系，加强应急科研攻关能力建设，要与促进生物医药产业技术研发、企业创新、高层次人才引进、创新平台建设、临床审批监管机制优化等紧密结合，推动重大疾病防控科研攻关体系建设与生物医药产业创新协同发展、相互促进。

2.3.5 重视生物安全及科研伦理与诚信

重视生物安全及科研伦理是生物医药产业创新区别于其他产业创新的重要方面。近年来，国家越来越重视生物安全和科研伦理建设，防范和应对生物安全风险，加强保护受试者权益和人民生命健康。在生物安全方面，2020 年 10 月，第十三届全国人民代表大会常务委员会第二十二次会议通过《中华人民共和国生物安全法》，该法是我国生物安全领域的基础性、综合性、系统性、统领性法律，从生物安全风险防控体制、防控重大新发突发传染病与动植物疫

①习近平在北京考察新冠肺炎防控科研攻关工作：协同推进新冠肺炎防控科研攻关 为打赢疫情防控阻击战提供科技支撑［EB/OL］．（2020－03－02）［2021－08－19］．http://www.gov.cn/xinwen/2020－03/02/content_5486004.htm.

情、生物技术研究开发与应用安全、病原微生物实验室生物安全、人类遗传资源与生物资源安全、防范生物恐怖与生物武器威胁、生物安全能力建设等方面系统部署生物安全风险防控和治理体系。在科研伦理与诚信方面，我国先后出台《人胚胎干细胞研究伦理指导原则》《生物医学新技术临床应用管理条例》《涉及人的生物医学研究伦理审查办法》《医学科研诚信和相关行为规范》《关于进一步弘扬科学家精神加强作风和学风建设的意见》等政策法规，《中华人民共和国生物安全法》也专门提出，从事生物技术研究、开发与应用活动，应当符合伦理原则；从事生物医学新技术临床研究，应当通过伦理审查，并在具备相应条件的医疗机构内进行。北京、上海、广东、江苏、重庆等省市在制定实施生物医药产业发展相关政策时，均提出要加强生物安全、科研伦理与诚信建设。

2.4 生物医药产业创新发展理论、一般过程及影响因素

2.4.1 生物医药产业创新发展研究综述

1. 产业创新的基本理论

（1）技术创新理论。现代创新理论代表人物约瑟夫·熊彼特（Joseph Schumpeter）认为技术创新是创新的核心内容，创新是把一种从来没有过的生产要素和生产条件的新组合引入生产体系，目的是打破经济发展长期平衡状态以获得潜在的利润。熊彼特进一步指出“创新”包括控制或掠取半制成品或原材料的一种新供应来源、创造一种工业新组织、开辟一个新的市场、采用一种新的生产方法、采用一种新的产品等。他指出的这种创新被后来学者总结为产品创新、技术创新、市场创新、资源配置创新和组织创新。

（2）制度创新理论。新制度学派将创新研究深入制度层面，关注制度创新问题。道格拉斯·诺斯（Douglass North）和兰斯·戴维斯（Lance Davis）是制度创新理论的代表人物，认为制度创新是一种现存制度的变革，能够使创新者获得额外利益；市场规模、生产技术、社会集团或个人对自己收入预期是促成制度创新的主要因素。制度创新的过程就是制度供给与需求不断在动态变化中达到均衡的过程，由于市场规模扩大，交易数量增多，交易成本不断上涨，现有的制度约束了对利益的追求。基于对利益的追求，通过主动寻求制度

的创新来降低市场交易成本，推动预期净收益大于预期成本。

（3）区域创新系统理论。克里斯托弗·弗里曼（Christopher Freeman）是区域创新系统理论的代表人物，其通过对比研究日本、美国、苏联的产业发展情况，认为一个国家只有建立起将技术创新转化为产业创新的能力才能在国家竞争中占据优势。创新是各种社会活动的有机统一整体，国家（区域）在推动技术创新中发挥重要作用。区域创新系统理论认为，新知识新技术的创造、储存、转移是区域创新系统的功能，区域创新系统的活动包括知识的生产创造、储存转移、传播影响、推广应用，是一个包括技术行为因素、制度因素以及企业、大学、政府等职能机构的复杂体系。

2. 产业创新与生物医药产业创新研究

产业创新属于中观层面的创新，是在区域创新体系、制度创新和技术创新理论的基础上发展而来[①]。产业创新思想萌芽于熊彼特提出的创新理论，20 世纪 60 年代坎宁安（N. J. Cunningham）首次提出“产业创新”；20 世纪 70 年代，弗里曼和罗克·苏特（Luc Soete）出版《产业创新经济学》，指出产业创新是在技术、产品、营销、管理、流程上的创新，通过一定的机制关系，重新组合产业创新要素及关联要素，有利于推动技术研发创新，实现产业竞争力提升[②]。技术创新是产业创新的核心，产业创新是特定产业内部主体通过合作创新机制主动联手形成的产业创新合力[③]。

生物医药产业是以研发创新为核心的技术密集型产业，生物医药产业创新发展更关注创新体系与外部环境之间的关系，具有更加复杂的创新生态系统。高技术是生物医药产业的核心特征，研究表明，研发创新对生物医药企业技术开发与成果转化具有正向显著效应[④]。同时，生物医药创新成果从研发到产品形成的转化周期较长，除了需要经过基础理论研究、中试生产、规模生产等环节外，还要经过严格的临床试验。国内外学者对生物医药产业创新发展的影响要素开展了相关研究，Su 等研究发现生物医药产业创新离不开科学产业基础、

①张曼茵，陈亮辉．产业创新的国际比较及其启示［J］．重庆社会科学，2013（10）：78－86.

②张治河，谢忠泉，周国华，等．产业创新的理论综述与发展趋势［J］．技术经济，2008（1）：35－43，48.

③严潮斌．产业创新：提升产业竞争力的战略选择［J］．北京邮电大学学报（社会科学版），1999（3）：6－10.

④周元．浙江省生物医药产业链创新发展特征研究［J］．全球科技经济瞭望，2019（5）：41－47.

社会资本、创业等[①]，Breznitz 通过分析提出企业、高层次人才等是影响生物医药产业的重要因素[②]，Chiaroni 等[③]、Nobutaka 等[④]基于欧洲、日本生物医药产业集群发展经验，发现国家和地区政府的支持对促进医药产业集聚具有重要作用，席晓宇等通过空间计量发现人力资本是影响医药产业集聚最重要的因素[⑤]，朱艳梅等认为政策与政府行为是生物医药产业集聚发展最主要的动力[⑥]，王彦茹则发现政府干预、溢出效应、知识产权保护是影响我国医药产业发展最主要的因素[⑦]，尹忠对医药消费市场、企业盈利等影响生物医药产业创新的社会因素进行深入分析[⑧]，孙亚杰等则从供给、需求以及环境维度综合分析影响生物医药创新发展的要素[⑨]。

3. 生物医药产业创新发展政策研究

实施产业创新政策有利于弥补生物医药研发创新市场失灵，是促进生物医药产业创新发展的重要因素。生物医药产业创新发展政策是一个复杂的综合体，不仅涉及具体的行业政策，还包含促进产业创新发展的各类政策。目前，学者关于生物医药产业创新政策的研究主要从研发支持政策、财税支持政策、临床审批监管政策、区域产业创新发展政策、新冠肺炎疫情防控推动生物医药产业创新政策等进行深入探讨。

研发支持政策方面，研发创新是促进生物医药产业发展最核心的内容，鲁菁从研发外包服务角度探讨了我国医药产业发展情况及发展对策[⑩]，陈波探讨

---

①SU Y S，HUNG L C. Spontaneous vs. policy-driven：the origin and evolution of the biotechnology cluster［J］. Technological Forecasting and Social Change，2009（5）：608－619.

②BREZNITZ S M. Cluster sustainability：the Israeli life sciences industry［J］. Economic Development Quarterly，2013（1）：29－39.

③CHIARONI D，CHIESA V. Forms of creation of industrial clusters in biotechnology［J］. Technovation，2006（9）：1064－1076.

④NOBUTAKA O. Perspectives on industrial clusters in the Japanese biotechnology industry［J］. International Journal of Manufacturing Technology & Management，2009（4）：371－385.

⑤席晓宇，朱玄，褚淑贞．基于空间计量的生物医药产业集聚影响因素研究［J］．中国药房，2015（1）：5－8.

⑥朱艳梅，席晓宇，褚淑贞．我国生物医药产业集群的影响因素分析［J］．中国新药杂志，2013（8）：900－904.

⑦王彦茹．生物医药产业集聚的影响因素分析［J］．中国市场，2016（18）：107－108.

⑧尹忠．影响中国生物医药创新战略诸因素分析［J］．科学学研究，2008（1）：13－18.

⑨孙亚杰，王景．生物医药产业创新生态系统构建与发展对策研究——基于系统动力学［J］．科技和产业，2020（6）：57－63.

⑩鲁菁．中国医药研发外包服务产业发展研究［D］．长沙：中南大学，2012.

了生物医药产业创新平台的运行绩效评价及治理机制[①]，高允松等研究分析了上海生物医药产业研发创新平台情况及未来展望[②]，田伟东梳理了我国政府出台的生物医药产业财税扶持政策[③]。

临床审批监管政策方面，龚兆龙梳理分析了我国现代药品监管法规体系[④]，吴晨光[⑤]、彭婧等[⑥]基于我国审评审批政策以及生物技术药、化学药临床审批实践及影响因素，提出加强药品监督管理的对策建议，王海南则聚焦中药审评审批，提出中药注册分类改革的政策建议[⑦]，陈慧[⑧]、张邦禹等[⑨]通过借鉴欧盟、日本新药注册审批制度及政策经验，从法规体系、机构设置、审评程序、伦理审核等方面提出对我国的启示建议。

区域产业创新发展政策方面，申峥峥等深入分析了北京生物医药产业政策[⑩]，张雨薇研究分析了广西生物医药产业财政政策[⑪]。部分学者对先进国家政策经验进行了研究，宋韬等对美国生物医药产业的制度及政策规划进行了分析[⑫]，徐佩等对中美生物医药产业政策开展了比较研究[⑬]，颜建周等基于美国

①陈波．我国生物医药产业创新平台运行与治理研究［D］．上海：复旦大学，2014.

②高允松，史彤，唐军．上海生物医药研发基地现状及展望［J］．上海医药，2017（3）：51－54，57.

③田伟东．促进我国生物医药产业发展的财税政策研究［D］．福州：福州大学，2017.

④龚兆龙．稳步迈向全球化的中国创新医药产品［J］．药学进展，2019（12）：881－883.

⑤吴晨光．中国新药审批影响因素实证研究［J］．黑龙江医药，2019（3）：551－552.

⑥彭婧，徐恒秋，汪楠，等．新一轮中国药品审评审批政策改革研究［J］．中国初级卫生保健，2017（11）：1－4，8.

⑦王海南．中药审评审批改革与中药注册分类：2020第四届中国创新药论坛发言［J］．中国新药杂志，2021（3）：193－196.

⑧陈慧．中国与欧美新药注册审批制度比较［D］．上海：复旦大学，2011.

⑨张邦禹，李玉平，张玲，等．日本《临床研究法》对我国的启示［J/OL］．中国新药与临床杂志：1－12［2021－03－04］．http：//kns. cnki. net/kcms/detail/31. 1746. R. 20210227. 1646. 002. html.

⑩申峥峥，郝琦，吕华侨，等．北京生物医药产业政策分析［J］．科技和产业，2015（6）：43－49，53.

⑪张雨薇．广西生物医药产业财政政策有效性及其优化研究［D］．南宁：广西大学，2019.

⑫宋韬，楚天骄．美国培育战略性新兴产业的制度供给及其启示：以生物医药产业为例［J］．世界地理研究，2013（1）：65－72.

⑬徐佩，张瑞利，杨小燕，等．中美生物医药产业政策比较研究［J］．市场周刊（理论研究），2016（11）：49－50.

安进生物医药公司的实证研究提出了若干启示建议[①]，吴晓隽等[②]、刘璐等[③]对欧洲以及日本进行个案研究并提出借鉴建议。

另外，面对突如其来的新冠肺炎疫情，生物医药产业创新发展对新冠肺炎疫情防控具有重要作用，廖晓东等围绕新冠肺炎疫情防控需要，从重大创新平台、核心技术供给与基础研究、提升临床研究和转化能力、研发外包企业、中医药标准化国际化等方面提出广东生物医药产业创新发展政策举措[④]。朱雪婧提出，新冠疫情背景下，加强吉林省生物医药产业发展，亟须发挥政策导向作用、加强科技攻关和成果转化、推动企业转型发展、加强各类创新平台建设等的政策建议[⑤]。宁波未来研究院深入分析了新冠肺炎疫情对生物医药行业以及宁波生物医药企业的影响，并从近期、长期两个维度提出应对疫情高质量发展宁波生物医药产业的政策建议[⑥]。

2.4.2 生物医药产业创新发展一般过程及影响因素

产业创新的核心是技术创新，一般要经过以下几个环节：①投入创新资源（包括人、财、物等），这是科技创新活动的前提和基础；②研究开发、成果转化等创新活动，这是科技创新活动的起点；③研究成果产业化应用，推动经济社会发展，这是科技创新活动的关键。另外，科技创新活动并非独立存在，而是受整个环境的影响[⑦]。对于生物医药产业创新而言，其科技创新一般过程也同样包括创新资源投入、创新活动、成果产业化应用以及创新环境，其中创新资源投入的影响因素主要包括研发经费、创新人才、创新基础设施和创新主

---

①颜建周，董心月，陈永法，等．美国医药产业创新政策环境研究及对我国的启示：基于安进生物医药公司的实证研究［J］．中国医药工业杂志，2018（10）：1450－1458.

②吴晓隽，高汝熹．欧洲生物医药产业集群的案例研究及启示［J］．软科学，2008（12）：110－113，127.

③刘璐，颜建周，邵蓉．日本生物医药产业政策扶持下中小企业发展的实例研究［J］．中国医药工业杂志，2017（11）：1654－1659.

④廖晓东，袁永，胡海鹏，等．新冠肺炎疫情防控下广东生物医药产业创新发展对策研究［J］．科技创新发展战略研究，2020（4）：39－45.

⑤朱雪婧．新冠疫情背景下，加强我省生物医药产业发展对策建议［EB/OL］．（2020－06－11）［2021－08－19］．http://fzzx.jl.gov.cn/yjcg/yjcg_2020/202006/t20200611_7266643.html.

⑥宁波未来研究院．新冠疫情对宁波生物医药产业影响分析及对策建议［EB/OL］．（2020－02－24）［2021－08－19］．http://www.360doc.com/content/20/0224/23/37319250_894595012.shtml.

⑦袁永，李妃养，张宏丽．基于创新过程的科技创新政策体系研究［J］．科技进步与对策，2017（12）：92－98.

体；创新活动包括基础研究、临床前研究、临床试验和成果转化；成果产业化应用包括生产制造、产业化应用和产业集聚发展；创新环境包括政策法规、政府审批监管、科技融资、知识产权保护和科研伦理（图2－3）。本书从生物医药产业创新发展的一般过程及影响因素出发，系统分析美国、英国、日本、韩国以及欧盟重点国家的生物医药产业创新发展基础现状及政策经验，深入研究促进我国生物医药产业创新发展的政策建议。

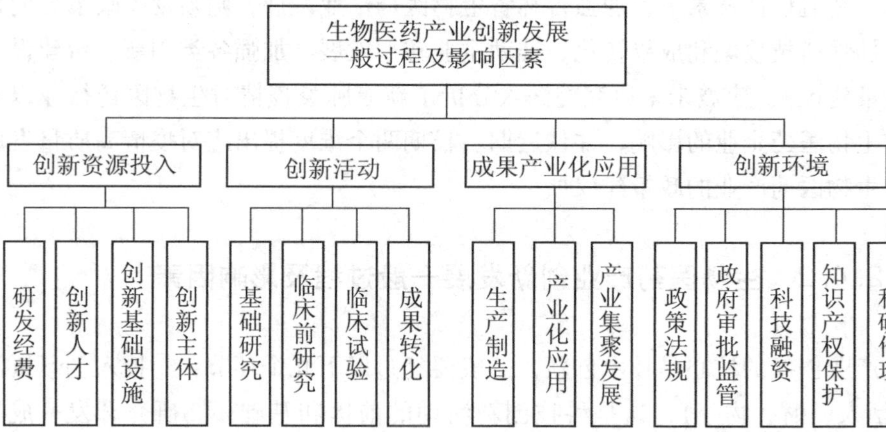

图2－3　生物医药产业创新发展一般过程及影响因素

1. 生物医药产业创新资源投入

创新资源是开展产业创新活动的内在基础，是指与创新相关的资源和能力的组合，包括为创新活动提供的人、财、物。从创新资源本身看，创新人才、研发经费、创新基础设施是实现创新产出最核心的资源。要支撑创新发展，除了人才、资金、设施外，还需要集聚创新资源的创新主体①，创新主体也是创新技术发源地、创新人才培养地、创新资金的集聚地。因此，促进生物医药领域研发的创新资源包括人、财、物以及创新主体。①创新人才。人才是第一资源，生物医药产业属于知识密集型产业，拥有高精尖知识的高素质人才尤为重要。②研发经费。指为研究与开发项目所支付的费用，研发经费的投入与研发实力密不可分。③创新基础设施。主要包括重大科技基础设施、各类实验室、新型研发机构、数据库及共享系统等产业创新基础设施。④创新主体。高等院

①胡海鹏，袁永，廖晓东，等．珠三角九市创新要素集聚能力评价研究［J］．科技与经济，2019(4)：16－20.

校、科研院所、企业是国家创新系统中知识创新和技术创新的重要主体。医院是开展转化和临床研究的重要基地，也是生物医药产业创新的特色主体。

此外，创新活动还包括为基础研究、临床前研究、临床试验及生产制造提供专业化服务的相关机构，包括：合同研究机构（contract research organization，CRO），主要为创新药企提供药物发现、临床研究、临床试验等新药研发合同研究服务；医药合同定制生产机构（contract manufacture organization，CMO），主要为制药企业提供医药产品规模化定制生产服务；医药合同定制研发生产机构（contract development and manufacturing organization，CDMO），主要为药企提供创新药的工艺研发及制备、工艺优化、放大生产、注册和验证批生产以及商业化生产等定制研发生产服务；合同销售机构（contract sales organization，CSO），主要业务是根据与药品生产企业签订药品销售合同取得销售权，并基于药品销售获得报酬。

2. 生物医药产业创新活动

创新过程是产业创新体系价值流动的过程和体现。药品和器械研发创新活动一般要经历基础研究、临床前期研究、临床试验、成果转化等过程。①基础研究。医药基础研究主要指药物发现，目的是提出可进入临床试验的药物，核心是获得关于现象和可观察事实的基本原理的新知识而进行的实验性或理论性研究[①]。②临床前研究。进入临床试验之前所进行的化学合成、天然产物提纯等研究，主要内容是药物分析以及药效学、药动学、毒理学、药剂学的研究，主要形式为实验室研究和动物实验。③临床试验。在人体进行药物的系统性研究，目的是确定试验药物的疗效与安全性，包括Ⅰ、Ⅱ、Ⅲ、Ⅳ期临床试验和EAP临床试验。④成果转化。将科技活动所产出的成果（包括专利、论文、软件著作临床试验批件等）通过临床试验转化成获得产品注册证的药品、医疗器械。

3. 生物医药创新成果产业化应用

成果产业化应用过程是指研究成果经过生产制造、产业化应用、集聚发展等推动产业发展的过程。①生产制造。在获批产品注册证后新产品正式投产前，进行小试、中试。从制造的阶段性来看，药物制造包括原料药制造、制剂制造、包装环节；器械制造包括造模、组装、装箱等。②产业化应用。伴随医

①田晗．基于“发达”科学的生物医药创新生态系统演化机理研究［D］．衡阳：南华大学，2020.

疗保险制度建立完善，药品定点采购的形式不断演变，经历了从以医疗机构为主的采购到政府集中招标采购，制度政策对药品器械产业化应用具有重要影响。③产业集聚发展。高新科技园区、创新专业园区等是创新要素资源的集散中心，也是推动生物医药产业规模化发展的重要载体。

4. 生物医药产业创新环境

创新环境是产业创新的外在保障，相关政策法规、政府审批监管、科技融资、知识产权保护、科研伦理等构成了生物医药创新发展的环境支撑，能够影响生物医药创新要素配置效率。①政策法规。生物医药产业创新发展相关政策法规不仅包括国家的经济战略政策法规，也涉及各部门的产业和科技政策法规。通过产业技术政策、产业结构政策、产业财税政策等，推动和引导生物医药产业创新要素融合发展。②政府审批监管。生物医药创新发展涉及基础研究、技术研发、临床转化、注册上市、推广应用等环节，涉及临床前研究、临床试验、上市注册、生产等环节的审批监管，科技、药监、卫健、医保等政府管理机构对生物医药产业创新发展具有重要引导作用。③科技融资。生物医药研发创新具有研发周期长、资金消耗大等特点，生物医药产业创新发展每个阶段都需要大量资金的投入。科技融资是满足生物医药创新资金需求的重要方式，主要包括信贷、风险投融资、创业投融资、上市及科技金融服务体系等。④知识产权保护。新药研发具有成功率低、耗费大、周期长等特点，只有建立完善的知识产权制度，包括对论文、专利、临床批件、新产品注册批件的保护及管理机制，产业创新发展才能建立良性循环①。⑤科研伦理。生物医药研发创新涉及动物、人体，开展生物医药相关科学研究活动要合乎科研伦理和医学伦理。

①玛丽亚，樊鸿伟．上海张江高科技园区生物医药产业集群研究［J］．开发研究，2008（3）：99－102．

第3章　美国生物医药产业创新发展政策研究

美国是全球首屈一指的生物医药创新强国①，集聚了大量实力雄厚的生物医药高校、科研机构和龙头企业，拥有一大批研发上市的创新药，生物医药产业规模及市场份额在全球处于绝对领先位置。根据2020年度全球生物医药产业发明专利排行榜（前100）、2020年度全球制药企业前50强排行榜、2019年医疗器械企业百强榜单，美国生物医药产业发明专利上榜数量分别占榜单总数的48%、30%、49%。本章主要分析美国生物医药产业创新发展的现状特点和促进政策，并提出若干启示建议。

3.1　美国生物医药产业创新发展基础现状

3.1.1　打造了一批具有全球影响力的生物医药集聚区

美国生物医药产业发展起步早，是世界生物医药产业技术的发源地，并在全球形成了明显的代际优势，掌握了最先进的生物技术，拥有全球最多的生物技术专利、最顶尖的生物医药研发企业及机构、最大规模的风险投资机构，形成了多个生物医药产业集群及区域，包括波士顿地区、旧金山生物技术湾、圣迭戈生物医药集聚区、华盛顿－巴尔的摩生物医药集聚区、北卡罗来纳研究三角园等。其中，波士顿地区和旧金山生物技术湾是全球最具创新能力的生物产业集群，波士顿地区拥有国际顶尖的大学和医院，包括哈佛大学、麻省理工学院等世界一流高校以及哈佛医学院、波士顿大学医学院、新英格兰医学中心、美国国立卫生研究院等知名学院及医院机构，还拥有生命科学、分子生物学等领域多个世界领先实验室。众多高端研究机构和医院支撑了波士顿强大的基础

①江育恒，赵文华．研究型大学在区域创新集群中的作用研究：以美国五大生物医药集聚区为例［J］．高等工程教育研究，2017（5）：102－108．

研究和研发能力。旧金山生物技术湾拥有基因泰克等著名跨国药企，以及加州大学伯克利分校、加州大学旧金山分校和斯坦福大学等生物技术及生物医学领域领先的高校和相关研究机构。旧金山也是美国创业风险投资最大、最集中的区域之一，其风险投资总额占美国风险投资总额的一半，拥有全美最强的生命科学风投创投基金。另外，圣迭戈生物医药集聚区拥有加州大学圣迭戈分校、桑福德－伯纳姆医学研究所、萨尔克生物研究所等知名高校及科研机构。华盛顿－巴尔的摩生物医药集聚区是美国国立卫生研究院所在地，拥有马里兰大学、约翰斯·霍普金斯大学等多所著名大学，建有弗吉尼亚生物技术研究园。北卡罗来纳研究三角园拥有美国国家环境卫生科学研究院、北卡罗来纳州生物技术中心等①。

3.1.2 发展了大批世界生物医药龙头企业

生物医药龙头企业对生物医药产业发展具有重要的带动引领作用。美国拥有世界上约一半的生物医药企业，特别是生物医药龙头企业。在制药方面，根据美国《制药经理人》杂志公布的“2020 年度全球制药企业前 50 强排行榜”，美国的辉瑞、默克、百时美施贵宝、强生等 15 家企业入选，占榜单总数的 30%（表 3－1）。入选企业中，处方药销售总额达 3178.84 亿美元，占榜单总额的 44.37%；研发收入总额达 630.93 亿美元，占榜单总额的 48.40%。在医疗器械方面，根据国外权威的第三方网站 QMED 最新发布的“2019 年医疗器械企业百强榜单”，美敦力、强生、雅培、GE 医疗等 48 家美国企业入选，占榜单总数的 48%（表 3－2）。入选企业中，企业营业收入总额达 2331.64 亿美元，占榜单总额的 65.85%；企业市值达 16541.93 亿美元，占榜单总市值的 77.43%。

表 3－1 美国入选“2020 年度全球制药企业前 50 强排行榜”企业

序号	企业名称	处方药销售额/亿美元	研发收入/亿美元
1	辉瑞（Pfizer）	436.62	79.88
2	默克（Merck & Co.）	409.03	87.3
3	百时美施贵宝（Bristol-Myers Squibb）	406.89	93.81
4	强生（Johnson & Johnson）	400.83	88.34

①许长青．美国大学与区域创新互动发展研究［J］．中国高校科技，2017（11）：40－43.

续表

序号	企业名称	处方药销售额/亿美元	研发收入/亿美元
5	艾伯维（AbbVie）	323.51	49.98
6	安进（Amgen）	222.04	40.27
7	吉利德科学（Gilead Science）	217.03	40.59
8	礼来（Eli Lilly）	200.85	55.95
9	艾尔建（Allergan）	151.53	17.09
10	渤建（Biogen）	113.8	22.81
11	迈蓝（Mylan）	112	5.18
12	亚力兄制药（Alexion Pharmaceuticals）	49.9	7.83
13	再生元制药（Regeneron Pharmaceuticals）	48.34	26.07
14	雅培（Abbott Laboratories）	44.86	1.85
15	福泰制药（Vertex Pharmaceuticals）	41.61	13.98
总计		3178.84	630.93

资料来源：根据《制药经理人》“2020 年度全球制药企业前 50 强排行榜”整理。

表 3-2 美国入选“2019 年医疗器械企业百强榜单”企业

序号	企业名称	营业收入/亿美元	市值/亿美元
1	美敦力	308.91	1595.45
2	强生	259.63	3839.10
3	雅培	199.52	1573.93
4	GE 医疗	199.42	974.70
5	BD 医疗	172.90	750.92
6	嘉诺德	157.49	147.90
7	史赛克	145.49	794.36
8	百特	110.80	458.12
9	波士顿科学	103.92	617.19
10	齐默巴奥米特控股	79.28	307.25
11	3M	74.31	1014.50
12	丹纳赫	65.62	1174.19
13	直觉外科	42.47	693.48

续表

序号	企业名称	营业收入/亿美元	市值/亿美元
14	爱德华生命科学	41. 52	497. 73
15	豪洛捷	33. 67	143. 86
16	瓦里安医疗	32. 25	135. 46
17	希尔罗姆	29. 07	77. 50
18	英维斯塔	27. 90	50. 82
19	瑞思迈	26. 99	230. 88
20	泰利福	25. 56	177. 65
21	爱德士	23. 51	245. 17
22	英特格拉生命科学	15. 06	50. 77
23	德康	13. 51	211. 24
24	Integer	12. 37	29. 09
25	纽瓦索	11. 46	40. 67
26	卡特尔医疗	9. 5	26. 31
27	英维康	9. 4	2. 98
28	康美	9. 33	31. 36
29	麦斯莫医疗	9. 14	90. 52
30	阿比奥梅德	8. 2	81. 86
31	环球医疗	7. 7	52. 99
32	Insulet Corporation	6. 94	116. 69
33	阿瓦诺斯	6. 73	16. 20
34	Varex Imaging Corporation	5. 96	12. 06
35	Penumbra，Inc.	5. 23	55. 99
36	Natus Medical	5. 05	11. 60
37	Orthofix Medical Inc.	4. 6	8. 94
38	Accuray Incorporated	4. 13	2. 92
39	Nevro Corp.	3. 84	37. 52
40	Inogen Inc.	3. 7	10. 87
41	Tandem Diabetes Care Inc.	3. 3	40. 53

续表

序号	企业名称	营业收入/亿美元	市值/亿美元
42	CryoLife	2.74	11.25
43	AngioDynamics	2.73	5.82
44	泰尔茂新血管系统	2.56	18.87
45	Glaukos	2.25	24.85
46	AtriCure	2.22	15.13
47	iRhythm Technologies Inc.	1.97	22.63
48	Tactile Systems Technology，Inc.	1.79	11.57
合计		2331.64	16541.93

资料来源：根据 QMED“2019 年医疗器械企业百强榜单”整理。

3.1.3 集聚了大批生命科学与医学领域世界一流水平的高校

美国集聚了一大批世界一流的高校及其生命科学与医学学科，为美国生物医药产业创新发展输入了大量学科人才与研发创新成果。QS 世界大学排名显示，2020 年生命科学与医学学科世界排名前 200 的大学中，美国有 61 所高校入选（表 3－3），远超过第二名的英国（21 所）。在 2020 年 QS 世界大学生命科学与医学学科排名前 10 的高校中，美国占 6 所，前 20 名中占 12 所。

表 3－3 美国入选“2020 年 QS 世界大学生命科学与医学学科前 200 榜单”大学

序号	大　学	论文篇均引用率	学术声誉	综合得分	全球排名
1	哈佛大学	93.9	100	98.5	1
2	斯坦福大学	92.8	95.3	93.7	4
3	约翰斯·霍普金斯大学	90.5	97.5	93.3	5
4	麻省理工学院	100	93.3	93.1	6
5	加州大学旧金山分校	93.1	93	90.3	7
6	加州大学洛杉矶分校	90	91.5	90.2	8
7	耶鲁大学	89.6	90.7	89.4	12
8	加州大学圣迭戈分校	90	89.2	87.2	14

续表

序号	大学	论文篇均引用率	学术声誉	综合得分	全球排名
9	加州大学伯克利分校	89.8	92.8	87.1	15
10	宾夕法尼亚大学	90.7	84.8	87.1	15
11	华盛顿大学	89.3	86.4	86.6	17
12	哥伦比亚大学	90.9	82.3	86.2	19
13	康奈尔大学	87.9	87.4	85.8	22
14	密歇根大学	87.6	82	84	25
15	华盛顿大学圣路易斯分校	91.6	81.8	83.8	28
16	杜克大学	86.2	85.3	83.2	30
17	北卡罗来纳大学教堂山分校	88	81.4	82	33
18	芝加哥大学	91.8	77.9	81.8	38
19	纽约大学	88.1	78.5	81.4	40
20	加州大学戴维斯分校	81	85.8	80.6	45
21	波士顿大学	88	76.5	80.5	47
22	匹兹堡大学	88.7	75.4	80.4	48
23	埃默里大学	88.8	73.4	79.1	60
24	西北大学	88.7	71.9	78.6	63
25	贝勒医学院	87.6	76.9	78.3	65
26	威斯康星大学麦迪逊分校	82.7	80.3	78.1	67
27	得克萨斯大学安德森癌症中心	92.1	72	77.6	72
28	得克萨斯大学西南医学中心	91.7	73.8	77.5	73
29	范德堡大学	88.9	70.8	77.3	77
30	俄亥俄州立大学	83.7	73.8	76.7	81
31	明尼苏达大学	82.3	75.3	76.3	88
32	南加州大学	86.3	67.9	74.4	109
33	加州理工大学	74.3	81.9	74.3	110
34	佛罗里达大学	77.7	75.5	74.2	112
35	西奈山伊坎医学院	91.1	65.9	73.5	118

续表

序号	大学	论文篇均引用率	学术声誉	综合得分	全球排名
36	布朗大学	86	65.6	73.2	123
37	普林斯顿大学	77.2	76.6	73.2	123
38	密歇根州立大学	77.2	75.4	72.6	131
39	凯斯西储大学	85.3	64.4	72.5	133
40	加州大学欧文分校	84.4	68.2	72.3	135
41	伊利诺伊大学芝加哥分校	80.4	71.4	72.3	135
42	迈阿密大学	84.8	65.5	72.1	138
43	弗吉尼亚大学	85.6	66	72.1	138
44	宾夕法尼亚州立大学	78.3	73.7	72	140
45	洛克菲勒大学	78.9	78.7	72	140
46	塔夫茨大学	84.6	69.1	71.6	148
47	得克萨斯大学奥斯汀分校	82	72.6	71.5	149
48	艾奥瓦大学	83.8	65.7	70.6	158
49	马里兰大学帕克分校	81.1	67	70.6	158
50	科罗拉多大学丹佛分校	88.5	58.2	70	165
51	伊利诺伊大学香槟分校	78.2	71.8	70	165
52	罗切斯特大学	87.8	60.6	70	165
53	得克萨斯农工大学	73.9	72.9	68.6	183
54	阿拉巴马大学伯明翰分校	86.6	58.9	68.4	187
55	犹他大学	86	56.3	68.4	187
56	乔治城大学	83.3	59.4	68.3	189
57	普渡大学	76.1	72.7	68.3	189
58	乔治华盛顿大学	83.7	62.2	68.2	192
59	亚利桑那大学	80.7	64.7	68.2	192
60	纽约州立大学布法罗分校	85	57.6	68.1	195
61	马萨诸塞大学伍斯特分校医学院	85.5	64.4	68.1	195

资料来源：根据“2020 年 QS 世界大学排名生命科学与医学学科全球前 200 榜单”整理。

3.1.4 培育了一批世界顶尖级的研究型医院

根据美国《新闻周刊》(*Newsweek*) 发布的“2020 年世界最佳医院榜单”，全球前 100 的医院中美国占据 18 席，在排名前 10 的医院中，美国占据 4 席(表 3 – 4)。这些医院临床医疗水平和科研能力较强，推动了美国科学研究与转化医学的发展，为生物医药产业创新发展提供了重要支撑。

表 3 – 4 美国入选“2020 年世界最佳医院榜单”医院

序号	医院名称	全球排名	所在城市
1	梅奥医学中心（罗切斯特）	1	罗切斯特，明尼苏达州
2	克利夫兰医学中心	2	克利夫兰，俄亥俄州
3	麻省总医院	3	波士顿，马萨诸塞州
4	约翰斯·霍普金斯医院	6	巴尔的摩，马里兰州
5	密歇根大学医院	15	安娜堡，密歇根州
6	布列根和妇女医院	17	波士顿，马萨诸塞州
7	加州大学旧金山分校医学中心	22	旧金山，加利福尼亚州
8	斯坦福健康中心 – 斯坦福医院	35	斯坦福，加利福尼亚州
9	哥伦比亚与康奈尔大学附属纽约长老会医院	39	纽约，纽约州
10	宾夕法尼亚大学长老会医院	46	费城，宾夕法尼亚州
11	罗纳德·里根加州大学洛杉矶分校医学中心	50	洛杉矶，加利福尼亚州
12	西达塞奈医学中心	前 100	洛杉矶，加利福尼亚州
13	杜克大学医院	前 100	杜罕，北卡罗来纳州
14	梅奥诊所（菲尼克斯）	前 100	菲尼克斯，亚利桑那州
15	西北纪念医院	前 100	芝加哥，伊利诺伊州
16	纽约大学朗格尼医院	前 100	纽约，纽约州
17	西奈山医院	前 100	纽约，纽约州
18	科罗拉多大学医院	前 100	奥罗拉，科罗拉多州

资料来源：根据《新闻周刊》和 Statista Inc. 评选的“2020 年世界最佳医院榜单”整理。

3.1.5 产出了一批具有全球影响力的原创药品

根据世界各大医药公司最新年报，2019 年全球药物销售额前 100 榜单中，美国占 53 个（表 3－5），销售总额达 2174.32 亿美元，数量和销售总额分别占 53%、64.74%。其中，全球药物销售额前 10 榜单中，美国占 9 个，销售总额达到了 906.11 亿美元，数量和销售总额分别占 90%、92.72%，包括艾伯维的阿达木单抗（191.69 亿美元）、百时美施贵宝/辉瑞的阿哌沙班（121.49 亿美元）、默沙东的帕博利珠单抗（110.84 亿美元）、新基医药/百时美施贵宝的来那度胺（108.23 亿美元）。从美国上榜的 53 个药物类型看，分布更趋于平衡，品种呈多样化，化学类药物和生物类药物几乎各占一半，以小分子为主的化学药有 28 个，以单抗、融合蛋白为主的生物药有 24 个。

表 3－5 美国入选“2019 年全球药物销售额前 100 榜单”药物

排名	药物名称	所属企业	国家	适应证	年销售额/亿美元
1	阿达木单抗	艾伯维	美国	自身免疫疾病	191.69
2	阿哌沙班	百时美施贵宝/辉瑞	美国	血栓、卒中、肺栓塞等	121.49
3	帕博利珠单抗	默沙东	美国	黑色素瘤、非小细胞肺癌、膀胱癌、头颈癌、结直肠癌等	110.84
4	来那度胺	新基医药/百时美施贵宝	美国	多发骨髓癌、骨髓增生异常综合征、套细胞淋巴瘤、滤泡性淋巴癌	108.23
5	伊布替尼	艾伯维/强生	美国	慢性淋巴细胞白血病、小淋巴细胞淋巴癌、套细胞淋巴瘤、移植物抗宿主病	80.85
6	纳武利尤单抗	百时美施贵宝/小野	美国/日本	黑色素瘤、非小细胞肺癌、头颈癌、肾细胞癌等	80.05
7	阿柏西普	再生元/拜耳	美国/德国	湿性年龄相关性黄斑变性、糖尿病性黄斑水肿、糖尿病视网膜病等	74.37

续表

排名	药物名称	所属企业	国家	适应证	年销售额/亿美元
8	利伐沙班	拜耳/强生	德国/美国	血栓、卒中等	69.34
9	依那西普	安进/辉瑞	美国	自身免疫疾病	69.25
10	乌司奴单抗	强生	美国	自身免疫疾病	63.61
11	肺炎球菌疫苗	辉瑞	美国	肺炎疫苗	58.47
12	哌柏西利	辉瑞	美国	乳腺癌	49.61
13	英夫利昔单抗	默沙东/强生	美国	自身免疫疾病	47.91
14	比克恩丙诺	吉利德	美国	1 型艾滋病病毒感染	47.38
15	富马酸二甲酯	渤建	美国	多发性硬化症	44.33
16	度拉糖肽	礼来	美国	2 型糖尿病	41.28
17	依库珠单抗	亚力兄制药	美国	阵发性睡眠性血红蛋白尿症、溶血尿毒综合征	39.46
18	艾考恩丙替	吉利德	美国	1 型艾滋病病毒感染	39.31
19	宫颈癌疫苗/九价宫颈癌疫苗	默沙东	美国	宫颈癌疫苗	37.37
20	西格列汀	默沙东	美国	2 型糖尿病	34.82
21	恩格列净	勃林格殷格翰/礼来	德国/美国	2 型糖尿病	33.54
22	帕利哌酮缓释	强生	美国	精神分裂症	33.30
23	普瑞巴林	辉瑞	美国	疱疹神经痛、纤维肌痛、糖尿病周围神经病变	33.21
24	培非格司亭	安进	美国	中性粒细胞减少症	32.21
25	达雷木单抗	强生	美国	多发性骨髓瘤	29.98
26	阿巴西普	百时美施贵宝	美国	RA、幼年特发性关节炎等	29.77
27	格卡瑞韦哌仑他韦	艾伯维	美国	丙肝	28.93
28	重组赖脯胰岛素	礼来	美国	糖尿病	28.21
29	恩曲他滨/替诺福韦	吉利德	美国	1 型艾滋病病毒感染	28.13

续表

排名	药物名称	所属企业	国家	适应证	年销售额/亿美元
30	芦可替尼	因塞特/诺华	美国/瑞士	MF、PV、GVHD	27.99
31	阿比特龙	强生	美国	前列腺癌	27.95
32	地诺单抗	安进	美国	骨质疏松	26.72
33	泊马度胺	新基医药/百时美施贵宝	美国	多发性骨髓瘤	25.25
34	麻疹水痘腮腺炎疫苗	默沙东	美国	麻疹水痘腮腺炎	22.75
35	托法替布	辉瑞	美国	类风湿关节炎	22.42
36	戈利木单抗	强生	美国	自身免疫疾病	21.88
37	培美曲塞	礼来	美国	肺癌、胸膜间皮瘤	21.16
38	地瑞那韦	强生	美国	1 型艾滋病病毒感染	21.10
39	达沙替尼	百时美施贵宝	美国	慢性粒细胞白血病	21.10
40	诺西那生钠	渤建	美国	脊髓性肌萎缩	20.97
41	西格列汀二甲双胍	默沙东	美国	2 型糖尿病	20.41
42	阿托伐他汀	辉瑞	美国	降血脂	19.73
43	索磷布韦维帕他韦	吉利德	美国	丙肝	19.65
44	地诺塞麦/狄诺塞麦	安进	美国	实体瘤骨转移，骨细胞瘤	19.35
45	那他珠单抗	渤建	美国	多发性硬化症	18.92
46	硼替佐米	武田/强生	日本/美国	多发性骨髓瘤	18.38
47	达依泊汀 α	安进	美国	贫血	17.29
48	干扰素 β-1a	渤建	美国	多发性硬化症	16.66
49	FTC/利匹韦林/TAF	吉利德	美国	1 型艾滋病病毒感染	16.55
50	阿普斯特	安进/新基医药	美国	银屑病、银屑病关节炎、白塞氏病	16.07
51	西妥昔单抗	默克/礼来	德国/美国	结直肠癌、头颈部鳞状细胞癌	15.19
52	恩曲他滨/TAF	吉利德	美国	1 型艾滋病病毒感染	15.00
53	伊匹木单抗	百时美施贵宝	美国	黑色素瘤、肾细胞癌、结直肠癌	14.89

资料来源：根据“2019 年全球药物销售额前 100 榜单”整理。

3.1.6 培养了众多生物医药顶尖人才

截至 2021 年 9 月，诺贝尔生理学或医学奖共颁发 111 次，有 222 人获得该奖，诺贝尔生理学或医学奖的美国籍获奖者共 103 人（表 3－6），占获奖者总数的 46.40%。从机构分布看，哈佛大学 11 人、洛克菲勒大学 8 人、得克萨斯大学西南医学中心 5 人、加州理工学院 5 人、美国国立卫生研究院 4 人、麻省理工学院 4 人、哥伦比亚大学 4 人、约翰斯·霍普金斯大学 4 人、威斯康星大学麦迪逊分校 3 人、圣路易斯大学 3 人、加州大学旧金山分校 3 人、哈金森癌症研究中心 3 人。

表 3－6 诺贝尔生理学或医学奖美国籍获奖者名单

时间	获奖者	获奖时所属机构	获奖原因
1933 年	托马斯·亨特·摩尔根	加州理工学院	发现遗传中染色体所起的作用
1934 年	乔治·惠普尔	罗切斯特大学	发现贫血的肝脏治疗法
	乔治·迈诺特	哈佛大学	
	威廉·莫菲	哈佛大学；彼得·本特·布列根医院	
1943 年	爱德华·阿德尔伯特·多伊西	圣路易斯大学	发现维生素 K 的化学性质
1944 年	约瑟夫·厄尔兰格	圣路易斯华盛顿大学	发现单神经纤维的高度分化功能
	赫伯特·斯潘塞·加塞	洛克菲勒医学研究所	
1946 年	赫尔曼·约瑟夫·马勒	印第安纳大学	发现用 X 射线辐射的方法能够产生突变
1947 年	卡尔·斐迪南·科里	圣路易斯大学	发现糖原的催化转化原因
	格蒂·特蕾莎·科里		
1950 年	菲利普·肖瓦特·亨奇	梅奥医学中心	发现肾上腺皮质激素及其结构和生物效应
	爱德华·卡尔文·肯德尔		
1952 年	赛尔曼·A. 瓦克斯曼	罗格斯大学	发现链霉素——第一个有效对抗结核病的抗生素

续表

时间	获奖者	获奖时所属机构	获奖原因
1953 年	弗里茨·阿尔贝特·李普曼	哈佛医学院；哈佛大学麻省总医院	发现辅酶 A 及其对中间代谢的重要性
1954 年	约翰·富兰克林·恩德斯	哈佛医学院；波士顿儿童医院传染病研究部	发现脊髓灰质炎病毒在各种组织培养基中的生长能力
	弗雷德里克·查普曼·罗宾斯	波士顿儿童医院传染病研究部	
	托马斯·哈克尔·韦勒	西储大学（今凯斯西储大学）	
1956 年	安德烈·弗雷德里克·考南德	哥伦比亚大学；贝尔维尤医院	心脏导管术及其在循环系统的病理变化方面的发现
	迪金森·伍德拉夫·理查兹	哥伦比亚大学	
1958 年	乔治·韦尔斯·比德尔	加州理工学院	发现基因能调节生物体内的化学反应
	爱德华·劳里·塔特姆	洛克菲勒医学研究所	
	乔舒亚·莱德伯格	威斯康星大学麦迪逊分校	发现细菌遗传物质的基因重组和组织
1959 年	阿瑟·科恩伯格	斯坦福大学	发现核糖核酸和脱氧核糖核酸的生物合成机制
	塞韦罗·奥乔亚	纽约大学	
1961 年	盖欧尔格·冯·贝凯希	哈佛大学	发现耳蜗内刺激的物理机理
1962 年	詹姆斯·杜威·沃森		发现核酸的分子结构及其对生物中信息传递的重要性
1964 年	康拉德·布洛赫		发现胆固醇和脂肪酸的代谢机理和调控作用
1966 年	裴顿·劳斯	洛克菲勒大学	发现诱导肿瘤的病毒
	查尔斯·布兰顿·哈金斯	芝加哥大学本梅癌症研究实验室	发现前列腺癌的激素疗法

续表

时间	获奖者	获奖时所属机构	获奖原因
1967 年	霍尔登·凯弗·哈特兰	洛克菲勒大学	发现眼睛的初级生理及化学视觉过程
	乔治·沃尔德	哈佛大学	
1968 年	罗伯特·W. 霍利	康奈尔大学	破解遗传密码并阐释其在蛋白质合成中的作用
	哈尔·葛宾·科拉纳	威斯康星大学麦迪逊分校	
	马歇尔·沃伦·尼伦伯格	美国国立卫生研究院	
1969 年	马克斯·德尔布吕克	加州理工学院	发现病毒的复制机理和遗传结构
	阿弗雷德·赫希	华盛顿卡内基研究所	
	萨尔瓦多·卢瑞亚	麻省理工学院	
1970 年	朱利叶斯·阿克塞尔罗德	美国国立卫生研究院	发现神经末梢中的体液性传递物质及其贮存、释放和抑制机理
1971 年	埃鲁·威尔布尔·苏德兰	范德堡大学	发现激素的作用机理
1972 年	杰拉尔德·埃德尔曼	洛克菲勒大学	发现抗体的化学结构
1974 年	乔治·埃米尔·帕拉德	耶鲁大学	细胞的结构和功能组织方面的发现
1975 年	戴维·巴尔的摩	麻省理工学院	发现肿瘤病毒和细胞的遗传物质之间的相互作用
	雷纳托·杜尔贝科	英国皇家癌症研究基金实验室（今伦敦癌症研究所）	
	霍华德·马丁·特明	威斯康星大学麦迪逊分校	
1976 年	巴鲁克·塞缪尔·布隆伯格	费城癌症研究所	发现传染病产生和传播的新机理
	丹尼尔·卡尔顿·盖杜谢克	美国国立卫生研究院	
1977 年	罗歇·吉耶曼	索克研究院	发现大脑分泌的肽类激素
	安德鲁·沙利	退伍军人管理局医院	
	罗莎琳·萨斯曼·耶洛		开发肽类激素的放射免疫分析法

续表

时间	获奖者	获奖时所属机构	获奖原因
1978年	丹尼尔·那森斯	约翰斯·霍普金斯大学	发现限制性内切酶及其在分子遗传学方面的应用
	汉弥尔顿·史密斯		
1979年	阿兰·麦克莱德·科马克	塔夫茨大学	开发计算机辅助的断层扫描技术
1980年	巴茹·贝纳塞拉夫	哈佛医学院	发现调节免疫反应的细胞表面受体的遗传结构
	乔治·斯内尔	约翰逊实验室	
1981年	罗杰·斯佩里	加州理工学院	发现大脑半球的功能性分工
	大卫·休伯尔	哈佛医学院	发现视觉系统的信息加工
1983年	巴巴拉·麦克林托克	冷泉港实验室	发现可移动的遗传元素
1985年	麦可·布朗	得克萨斯大学西南医学中心	在胆固醇代谢的调控方面的发现
	约瑟夫·里欧纳德·戈尔茨坦		
1986年	斯坦利·科恩	范德堡大学	发现生长因子
	丽塔·列维－蒙塔尔奇尼	意大利国家研究委员会细胞生物学研究室	
1988年	格特鲁德·B. 埃利恩	威尔科姆研究实验室	发现药物治疗的重要原理
	乔治·希青斯		
1989年	迈克尔·毕晓普	加州大学旧金山分校	发现逆转录病毒致癌基因的细胞来源
	哈罗德·瓦慕斯		
1990年	约瑟夫·默里	哈佛大学医学院附属布列根和妇女医院	发明应用于人类疾病治疗的器官和细胞移植术
	唐纳尔·托马斯	哈金森癌症研究中心	
1992年	埃德蒙·费希尔	华盛顿大学西雅图分校	发现可逆的蛋白质磷酸化作用是一种生物调节机制
	埃德温·克雷布斯		

续表

时间	获奖者	获奖时所属机构	获奖原因
1993 年	菲利普·夏普	麻省理工学院； 癌症研究中心	发现断裂基因
1994 年	艾尔佛列·古曼·吉尔曼	得克萨斯大学 西南医学中心	发现 G 蛋白及其在细胞中的信号转导作用
	马丁·罗德贝尔	美国国家环境卫生研究所	
1995 年	爱德华·路易斯	加州理工学院	发现早期胚胎发育中的遗传调控机理
	艾瑞克·威斯乔斯	普林斯顿大学	
1997 年	史坦利·布鲁希纳	加州大学旧金山分校	发现朊病毒——传染的一种新的生物学原理
1998 年	罗伯特·佛契哥特	纽约州立大学 健康医学中心	发现在心血管系统中起信号分子作用的一氧化氮
	路易斯·路伊格纳洛	加州大学洛杉矶分校	
	费瑞·慕拉德	得克萨斯大学	
1999 年	古特·布洛伯尔	洛克菲勒大学	发现蛋白质具有内在信号以控制其在细胞内的传递和定位
2000 年	保罗·格林加德	洛克菲勒大学	发现早期胚胎发育中的遗传调控机理
	艾瑞克·坎德尔	哥伦比亚大学	
2001 年	利兰·哈特韦尔	哈金森癌症研究中心	发现细胞周期的关键调节因子
2002 年	H. 罗伯特·霍维茨	麻省理工学院	发现器官发育和细胞程序性死亡的遗传调控机理
2003 年	保罗·劳特伯	伊利诺伊大学 厄巴纳－香槟分校	在核磁共振成像方面的发现
2004 年	理查德·阿克塞尔	哥伦比亚大学	发现嗅觉受体和嗅觉系统的组织方式
	琳达·巴克	哈金森癌症研究中心	
2006 年	安德鲁·法厄	斯坦福大学	发现 RNA 干扰——双链 RNA 引发的沉默现象
	克雷格·梅洛	马萨诸塞大学	

续表

时间	获奖者	获奖时所属机构	获奖原因
2007 年	马里奥·卡佩奇	犹他大学	在利用胚胎干细胞引入特异性基因修饰的原理上的发现
	奥利弗·史密斯	北卡罗来纳大学教堂山分校	
2009 年	卡罗尔·格雷德	约翰斯·霍普金斯大学	发现端粒和端粒酶如何保护染色体
2011 年	布鲁斯·巴特勒	得克萨斯大学西南医学中心	对于先天免疫机制激活的发现
	拉尔夫·斯坦曼	洛克菲勒大学	发现树突细胞和其在获得性免疫中的作用
2013 年	詹姆斯·E. 罗斯曼	耶鲁大学	发现细胞囊泡运输与调节机制
	兰迪·谢克曼	加州大学伯克利分校；霍华德·休斯医学研究所	
2017 年	杰弗里·霍尔	缅因大学	发现控制昼夜节律的分子机制
	迈克尔·罗斯巴什	布兰迪斯大学；霍华德·休斯医学研究所	
	迈克尔·杨	洛克菲勒大学	
2018 年	詹姆斯·艾利森	得克萨斯大学安德森癌症中心；帕克癌症免疫治疗研究所	发现负性免疫调节治疗癌症的疗法
2019 年	威廉·凯林	哈佛大学；霍华德·休斯医学研究所	发现细胞如何感知和适应氧气供应
	格雷格·塞门扎	约翰斯·霍普金斯大学	
2020 年	哈维·阿尔特	美国国立卫生研究院	发现丙型肝炎病毒
	查尔斯·M. 赖斯	洛克菲勒大学	

资料来源：根据历年诺贝尔生理学或医学奖得奖情况整理。

3.1.7 建立了美国国家动物卫生实验室网络

美国农业部动植物卫生监督局等机构在 2002 年联合建设了美国国家动物

卫生实验室网络（NAHLN），由联邦、州立和大学动物卫生实验室共同组成，并由联邦和各州共同投资，加大对质量体系、标准化快检技术、生物安全设施、应急监测预案、创新人才等方面的投入。NAHLN 由一级实验室、二级实验室、三级实验室和若干附属实验室构成（表3－7），其中一级实验室共有12个，承担不同种类疫病的监测任务，包括猪瘟（CSF）、牛海绵状脑病（BSE）、伪狂犬病（PRV）、痒病、慢性消耗病（CWD）等主动监测疫病，还包括水泡性口炎（VS）、禽流感（AI）、非洲猪瘟（ASF）、新城疫（ND）、传染性鲑鱼贫血症（ISA）、口蹄疫（FMD）、病毒性出血败血症（VHS）、鲤鱼春季病毒血症（SVC）等应急性被动监测疫病①。

表3－7　美国国家动物卫生实验室网络体系

类别	数量	建设条件
一级实验室（核心实验室）	12 个	协助开展试验验证、人员培训；通过 ISO17025、AAVLD 或其他等效认证；根据标准程序准时报告试验结果并且向美国动植物卫生检验局数据库提供电子数据；必须具备生物安全三级（BSL－3）设施；能够开展应急性大规模样品检测；州政府给予的财政支持充足
二级实验室（成员实验室）	28 个	与一级实验室相比，不必具备 BSL－3 设施；不需要具备在紧急情况下对大规模样品进行检测的能力，只需通过 ISO17025 认证，或者通过 AAVLD 临时性认证等具有同等可信度的认证就已足够
三级实验室（专业实验室）	8 个	具有实验室信息管理系统；员工接受过培训；能够按美国农业部要求开展监测活动，并及时规范报告检测结果；具有 NAHLN 许可的内部质量体系；检测方法得到验证
附属实验室	数量较多	通过与美国农业部签署谅解备忘录，明确自身在 NAHLN 中的权利义务

资料来源：根据《美国国家动物卫生实验室网络组建与发展现状》② 文献整理。

另外，为了确保在生物技术和生物武器领域的领先优势，美国建立了一批面向国家战略需求的生物安全实验室，不断加强生物安全领域创新平台建设，其中生物安全 P4 实验室达 15 家，建设数量和建设面积居世界之首。

①②朱琳，周宏鹏，张秀娟，等．美国国家动物卫生实验室网络组建与发展现状［J］．中国动物检疫，2018，35（7）：63－68.

3.2 美国促进生物医药产业创新发展政策经验

3.2.1 顶层谋划推动生物医药产业创新发展

1. 从国家层面持续制定国家生物安全战略

美国历任政府都高度重视生物安全，近年来相继制定出台《21 世纪生物国防计划》《国家生物经济蓝图》《国家生物防御战略》《国家卫生安全战略 2019—2022》《全球卫生安全战略》等。其中，2018 年发布的《国家生物防御战略》是美国迄今为止最为全面、系统地应对生物安全威胁的行动纲领，战略强调要推进尖端医疗对策、生物传感器和诊断以及生物监测信息技术的开发，支持生物医学创新，最大限度地降低生物风险。战略还提出设立生物防御指导委员会，建立专门机制来协调以及评估战略实施后的具体情况①。

另外，为支持生物安全领域研发，美国国土安全部、国防部、美国国际开发署等多个部门及机构投入巨额资金开展持续性的资助计划，主要包括减少生物威胁计划、生物监测计划、新发流行病威胁计划以及组织实施生物防御研发重点项目等。其中，美国国防部高级研究计划局（DARPA）是美国国防创新的主要机构，大力发展先进的军用以及民用的生物技术。2016—2019 年，DARPA 在生物技术领域的基础研究投入有所下降，但在应用研究领域的投入不断增加（表 3 - 8）②。

表 3 - 8　2016—2019 年 DARPA 生物技术领域投资分布情况

单位：亿美元

领域		2016 年	2017 年	2018 年	2019 年
基础研究	生物、信息、微系统科学	0.03	0.00	0.00	0.00
	基础作业医学	0.53	0.58	0.42	0.42

①李雪枫，姜卉．美英澳生物安全的发展路径及对中国的启示［J］．科技管理研究，2021（2）：16 - 27.

②王萍．美国生物防御战略分析［J］．国际展望，2020（5）：138 - 156.

续表

领域		2016 年	2017 年	2018 年	2019 年
应用研究	生物医学技术	1.21	0.96	0.89	1.01
	生物武器防御	0.25	0.20	0.15	0.34
	生物材料与装备	0.76	0.94	1.06	1.13
合计		2.78	2.68	2.52	2.90

2. 将生物医药作为国家创新战略重要支持领域

2012 年美国发布《国家生物经济蓝图》，推动发展包括遗传工程、DNA 测序和生物分子的自动化高通量操作等传统生物技术产业和合成生物学、蛋白质组学、生物信息学等新兴生物技术产业①。2015 年，美国发布新版《美国国家创新战略》，将“推动在卫生保健方面的突破性创新”“通过脑计划加速发展新型神经技术”“精准医学概念治疗疾病”作为国家优先突破领域，并提出“精密医疗”“脑计划”两大战略。2021 年 6 月，美国国会参议院通过的《2021 年美国创新与竞争法案》，将生物技术、医疗技术、基因组学和合成生物学作为十大关键技术重点领域之一。

3.2.2 建立多层次的生物医药研发体系

1. 建立美国国立卫生研究院资助基础医学研究

生物医药产业发展依赖基础研究，美国国立卫生研究院（NIH）是美国生物医药领域知识创新的主要资助机构，NIH 拥有 20 个研究所和 7 个研究中心（表 3-9），是世界最大的医学研究中心之一。NIH 资助范围内的研究多数属于基础医学研究。NIH 内部的项目是指 NIH 范围内由不同临床科室和实验室实施的科研项目，其经费占比为 10%。外部的项目是指 NIH 在全球范围内的研究机构、医学院、医院或大学进行资助的项目，其

①尹政清，白京羽，林晓锋．美国生物医药产业竞争力分析与启示［J］．中国生物工程杂志，2020(9)：87-94.

经费占比在80%左右①。

表3-9 美国国立卫生研究院内设机构

序号	中文名称	英文名称	创建时间
1	国立癌症研究所	National Cancer Institute（NCI）	1937年
2	科学评审中心	Center for Scientific Review（CSR）	1946年
3	国立心、肺、血液病研究所	National Heart Lung and Blood Institute（NHLBI）	1948年
4	国立眼科研究所	National Eye Institute（NEI）	1968年
5	国立人类基因组研究所	National Human Genome Research Institute（NHGRI）	1990年
6	国立药物滥用研究所	National Institute on Drug Abuse（NIDA）	1974年
7	国立衰老研究所	National Institute on Aging（NIA）	1974年
8	国立环境卫生研究所	National Institute of Environmental Health Sciences（NIEHS）	1966年
9	国立酒精滥用与酒精中毒研究所	National Institute on Alcohol Abuse and Alcoholism（NIAAA）	1970年
10	国立综合医学研究所	National Institute of General Medical Sciences（NIGMS）	1963年
11	国立变态反应与感染性疾病研究所	National Institute of Allergy and Infectious Diseases（NIAID）	1948年
12	国立精神卫生研究所	National Institute of Mental Health（NIMH）	1946年
13	国立关节肌肉骨骼及皮肤病研究所	National Institute of Arthritis and Musculoskeletal and Skin Diseases（NIAMS）	1986年
14	国立神经病学与中风研究所	National Institute of Neurological Disorders and Stroke（NINDS）	1950年
15	国立儿童健康与人类发育研究所	National Institute of Child Health and Human Development（NICHD）	1963年

①美国国立卫生研究院（NIH）院长弗朗西斯·柯林斯博士：科学不分国界 知识同属于全人类 研发重点：大脑功能、药物技术、全球卫生［J］. 上海经济，2014（7）：74-75.

续表

序号	中文名称	英文名称	创建时间
16	国立护理医学研究所	National Institute of Nursing Research (NINR)	1986 年
17	国立耳聋与其他交流障碍性疾病研究所	National Institute on Deafness and Other Communication Disorders (NIDCD)	1988 年
18	国立医学图书馆	National Library of Medicine (NLM)	1968 年
19	国立口腔与颅面研究所	National Institute of Dental and Craniofacial Research (NIDCR)	1948 年
20	国立研究资源中心	National Center for Research Resources (NCRR)	1956 年
21	John E. Fogarty 国际中心	John E. Fogarty International Center	1968 年
22	国立糖尿病消化与肾病研究所	National Institute of Diabetes and Digestive and Kidney Diseases (NIDDK)	1950 年
23	国立补充与替代医学研究中心	National Center for Complementary and Alternative Medicine (NCCAM)	1993 年
24	国立生物医学影像学与生物工程学研究所	National Institute for Biomedical Imaging and Bioengineering (NIBIB)	2000 年
25	Warren Grant Magnuson 临床医学中心	Warren Grant Magnuson Clinical Center	1953 年
26	信息技术中心	Center for Information Technology (CIT)	1964 年
27	国立少数民族健康与健康水平差别研究中心	National Center for Minority Health and Health Disparities (NCMHD)	1990 年

2. 成立弗雷德里克癌症研究国家实验室

弗雷德里克癌症研究国家实验室是由 1972 年成立的弗雷德里克癌症研究与发展中心演变而来，隶属于美国卫生和公众服务部的国立卫生研究院国家癌症研究所，是全球艾滋病和癌症研究的卓越科学中心，主要从事艾滋病和癌症基础、转化和临床前的研究与开发。弗雷德里克癌症研究国家实验室约有 2000 名雇员，90% 以上研发经费来源于联邦政府。弗雷德里克癌症研究国家实验室牵头开展“癌症登月计划”“RAS 倡议”“医学加速治疗计划”等重大项目①。

3. 推动建立临床与转化医学中心体系

为推动临床与转化医学的研究，美国国立卫生研究院成立了临床与转化科学基金（CTSA）项目，资助建设临床与转化医学中心，搭建全美转化和临床医学中心网络②。NIH-CTSA 项目资助建立的临床与转化医学中心达 62 家（表 3－10），NIH-CTSA 为每个中心提供 400 万～2300 万美元支持。从疾病类型看，代谢性疾病最多，达到 14 家，其后依次为心血管疾病（10 家）、免疫系统疾病（7 家）、恶性肿瘤（6 家）、消化系统疾病（4 家）、儿科疾病（4 家）、传染病（3 家）、呼吸系统疾病（3 家）等。

表 3－10　美国 62 家临床与转化医学中心

序号	研究机构	所在州	疾病分类
1	马萨诸塞州医学院	马萨诸塞州	传染病
2	得克萨斯大学达拉斯医学中心	得克萨斯州	传染病
3	得克萨斯大学休斯顿医学中心	得克萨斯州	传染病
4	亚拉巴马大学	亚拉巴马州	代谢性疾病
5	南加州大学	加利福尼亚州	代谢性疾病
6	耶鲁大学	康涅狄格州	代谢性疾病
7	梅奥医学院	明尼苏达州	代谢性疾病
8	哥伦比亚大学	纽约州	代谢性疾病
9	杜克大学	北卡罗来纳州	代谢性疾病
10	辛辛那提大学	俄亥俄州	代谢性疾病
11	俄亥俄大学	俄亥俄州	代谢性疾病
12	俄勒冈医学院	俄勒冈州	代谢性疾病
13	得克萨斯大学医务部	得克萨斯州	代谢性疾病
14	犹他大学	犹他州	代谢性疾病

①王戬，张薇薇，陶晔璇，等．美国生物医学类国家实验室建设案例剖析及对我国的启示：以弗雷德里克癌症研究国家实验室为例［J］．科技管理研究，2020（17）：1－6.

②康迪．国外临床研究资源共享机制的借鉴研究［D］．北京：中国人民解放军军事医学科学院，2016.

续表

序号	研究机构	所在州	疾病分类
15	弗吉尼亚联邦大学	弗吉尼亚州	代谢性疾病
16	威斯康星大学麦迪逊分校	威斯康星州	代谢性疾病
17	肯塔基大学研究基金会	肯塔基州	代谢性疾病
18	艾奥瓦大学	艾奥瓦州	恶性肿瘤
19	哈佛大学	马萨诸塞州	恶性肿瘤
20	圣路易斯华盛顿大学	密苏里州	恶性肿瘤
21	新墨西哥大学	新墨西哥州	恶性肿瘤
22	康奈尔医学院	纽约州	恶性肿瘤
23	达特茅斯学院	新罕布什尔州	恶性肿瘤
24	加州大学欧文分校	加利福尼亚州	儿科疾病
25	国立儿童医疗中心	哥伦比亚特区	儿科疾病
26	阿尔伯特·爱因斯坦医学院	纽约州	儿科疾病
27	西奈山医学院	纽约州	儿科疾病
28	阿肯色大学医学院	阿肯色州	妇科疾病
29	芝加哥大学	伊利诺伊州	呼吸系统疾病
30	波士顿大学	马萨诸塞州	呼吸系统疾病
31	凯斯西储大学	俄亥俄州	呼吸系统疾病
32	南卡罗来纳医学院	南卡罗来纳州	精神疾病
33	斯坦福大学	加利福尼亚州	免疫系统疾病
34	加州大学圣迭戈分校	加利福尼亚州	免疫系统疾病
35	埃默里大学	佐治亚州	免疫系统疾病
36	密歇根大学	密歇根州	免疫系统疾病
37	得克萨斯大学圣安东尼奥健康科学中心	得克萨斯州	免疫系统疾病
38	加州大学洛杉矶分校	加利福尼亚州	免疫系统疾病
39	明尼苏达大学	明尼苏达州	免疫系统疾病
40	加州大学旧金山分校	加利福尼亚州	脑血管疾病
41	乔治敦大学	哥伦比亚特区	脑血管疾病
42	印第安纳大学医学院	印第安纳州	神经系统疾病

续表

序号	研究机构	所在州	疾病分类
43	堪萨斯大学医学中心	堪萨斯州	神经系统疾病
44	丹佛大学	科罗拉多州	消化系统疾病
45	佛罗里达大学	佛罗里达州	消化系统疾病
46	纽约大学	纽约州	消化系统疾病
47	威斯康星医学院	威斯康星州	消化系统疾病
48	加州大学戴维斯分校	加利福尼亚州	心血管疾病
49	西北大学	伊利诺伊州	心血管疾病
50	约翰斯·霍普金斯大学	马里兰州	心血管疾病
51	塔夫茨大学	马萨诸塞州	心血管疾病
52	罗切斯特大学	纽约州	心血管疾病
53	北卡罗来纳大学	北卡罗来纳州	心血管疾病
54	宾夕法尼亚大学	宾夕法尼亚州	心血管疾病
55	匹兹堡大学	宾夕法尼亚州	心血管疾病
56	范德堡大学	田纳西州	心血管疾病
57	宾州州立赫尔希医学中心	宾夕法尼亚州	心血管疾病
58	斯克利普斯研究所	加利福尼亚州	血液系统疾病
59	洛克菲勒大学	纽约州	血液系统疾病
60	伊利诺伊大学	伊利诺伊州	眼科疾病
61	华盛顿州立大学	华盛顿州	职业疾病
62	迈阿密大学	佛罗里达州	职业疾病

3.2.3 大力支持生物医药企业创新发展

1. 支持企业开展罕见病药物研发

用于预防、治疗、诊断罕见病的器械及药物就是所谓的“孤儿药”（罕见病药物）。罕见病药物研发成本高而市场上的需求又很小，企业很难通过售卖的方式在市场上收回成本，导致企业不愿意研发新产品或不愿意投放市场。

1983年，美国发布实施《罕见病药物法案》（Orphan Drug Act，ODA），成为美国罕见病领域的基础法律，随后相继出台《罕见病药物法案实施办法》《罕见病药物研究资助法案》《罕见病药物实施细则》，提出采用基金资助、抵扣税收、市场垄断权、快速审批通道、协议帮助、开放性协议等方式支持罕见病药物研发（表3－11）[①]。1984—2018年，美国食品药品监督局（FDA）批准上市的罕见病药物近770个，给予罕见病药物资格约4860个（图3－1）。

表3－11　美国罕见病药物研发激励机制

序号	激励机制	措施内容
1	基金资助	罕见病药物产品开发办公室为进行Ⅰ期和Ⅱ/Ⅲ期临床试验的企业提供每年不高于20万和40万美金的资助
2	抵扣税收	临床试验费用的50%可用于抵税，剩余的50%可以用于减税，总的税收减免可达临床研究总费用的70%
3	市场垄断权	FDA批准上市的罕见病药物无论是否有专利保护，在上市后均可享有7年的市场独占权
4	快速审批通道	FDA成立了罕见病药物产品开发办公室，定期组织专家举行讲座，帮助药厂解决在研发当中遇到的各种问题，并且为药厂申请FDA审批提供行政上的帮助
5	协议帮助	从2007年开始，免除罕见病药物审核过程中所需交纳的各项费用，包括向FDA支付的市场申请注册费（1 178 000美元）、产品费（65 030美元）和仪器费（392 700美元）
6	开放性协议	FDA通过拒绝治疗同一罕见病药物的市场申请来保护现有药物的独占权

资料来源：根据《罕用药政策对生物医药产业的影响：基于美国生物科技公司的案例研究》[②]整理。

①高山行，韩晨．美国《孤儿药法案》的变迁及启示：基于对中国生物医药产业的研究［J］．西安交通大学学报（社会科学版），2015（6）：100－106.

②王萍，丁瑨．罕用药政策对生物医药产业的影响：基于美国生物科技公司的案例研究［J］．中国科技论坛，2014（11）：90－96.

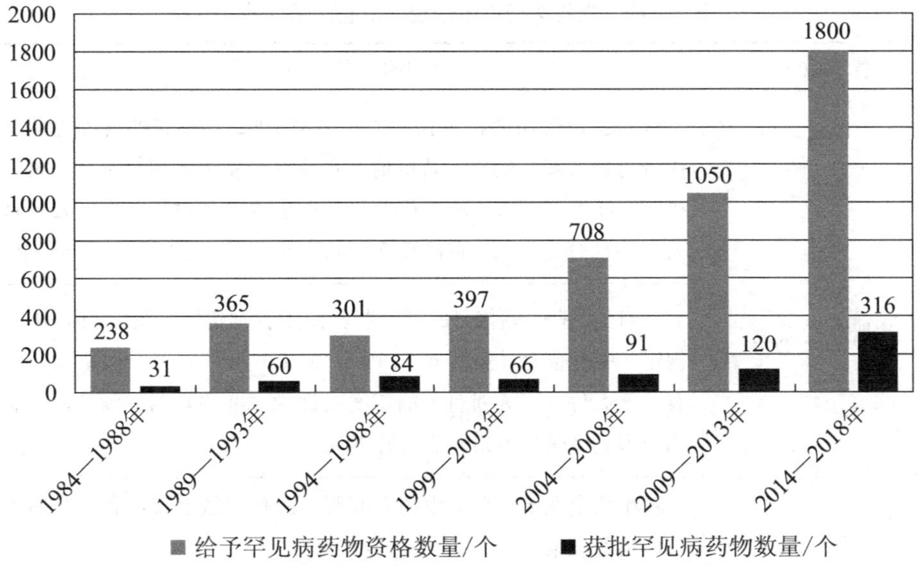

图 3-1 1984—2018 年美国罕见病药物获批数量

2. 支持生物医药中小企业创新

为增强生物医药中小企业的创新活力，发挥中小企业在创新药、罕见病用药、临床急需药品、生物类似药及仿制药研发中的重要作用，美国食品药品监督管理局（FDA）对小微企业实行注册收费减免、项目研究资助、绿色通道等机制（表 3-12）。FDA 还发布《小微企业指南》，对小微企业扶持性措施进行提示汇总①。另外，美国推动建立生物医药领域的创新型专业孵化器，为美国生物医药中小企业研发创新提供完善的孵化服务。其中，2013 年成立的 LabCentral 是全球首家为初创企业提供共享生物实验室的私立非营利机构，为生物技术领域的创业者们提供可立即开展实验研究的办公场所，解决生物领域创业者单独建立实验室的高成本问题。

①李峰，吴晓明．美国生物医药小微企业扶持激励政策研究［J］．中国新药杂志，2018（10）：28-31.

表 3－12　生物医药中小企业研发创新政策举措

优惠政策	申报条件及内容
注册收费减免	针对创新药和创新生物制品，美国 1992 年发布的《处方药使用者付费法案》规定，若申请人企业（包括分支机构在内）员工少于 500 人，申请人从未获批并且在境内销售过药品，以及申请人（包括分支机构）首次提交药品注册申请，可免除全额申请费
	针对仿制药，新修订的《仿制药使用者付费修正案》（GDUFA）规定，中型企业（持有 6 ～ 19 件 ANDA 批件）和小型企业（持有 1 ～ 5 件 ANDA 批件）的年度项目费（我国目前并没有此项费用类型）将减少为完整费用的 40% 和 10%
	对小微企业申请首个生物类似药、医疗器械上市出台了免缴上市申请费政策
项目研究资助	根据药品监管需要，FDA 定期发布研究项目招标声明，由制药企业申请，评价筛选后提供研发资助
	NIH 实施“小微企业创新研发计划”（SBIR）
绿色通道	FDA 各审评中心的小微企业办公室通过举办各种会议、开展培训研讨、开发培训项目和材料，为小微企业提供技术指导
	FDA 与小微企业开展的临床研究前（Pre-IND）会议、Ⅱ期临床结束（EOP2）会议等前期会议，有利于节省研发时间和资源，促进创新产品及早上市

资料来源：根据《美国生物医药小微企业扶持激励政策研究》① 整理。

3. 发达的风险投资行业为生物医药企业提供资金支持

生物医药产业是需要极高投入的产业。在美国，无论是新产品研发的巨额投入，还是研发基建与设备仪器的投入，风险投资均发挥着重要的作用②。美国是全球风险投资额最大的地区，2020 年第一季度美国风险投资支持的公司筹集了 342.5 亿美元，占据了全球风险投资市场融资量的 56%。风险投资是美

①李峰，吴晓明．美国生物医药小微企业扶持激励政策研究［J］．中国新药杂志，2018（10）：28－31.

②颜建周，董心月，陈永法，等．美国医药产业创新政策环境研究及对我国的启示：基于安进生物医药公司的实证研究［J］．中国医药工业杂志，2018（10）：1450－1458.

国生物医药企业创业和发展的重要资金来源，自 2006 年起，美国在生命科学领域的风险投资额超过 IT 产业，成为美国最大的风险投资行业①。

3.2.4 构建完善的临床审批机制

1. 建立以 FDA 为核心的临床审批监督制度体系

FDA 主要负责全国生物制品、医疗器械、诊断用品、食品、兽药、化妆品以及药品等的管理。1938 年 6 月，美国出台《联邦食品药品和化妆品法》，要求药品上市前需要通过 FDA 安全有效性评估，然后才能上市，此后相继出台《孤儿药法案》《药品价格竞争与专利期恢复法案》《处方药使用者付费法案》《动物药使用者付费法案》《仿制药使用者付费法案》，逐步构建形成临床审批监督制度体系。FDA 作为美国药品及医疗器械产品的审查机构，制定了严格的流程对申请审查的药品及医疗器械进行鉴定，构建了完善的药品及医疗器械许可审查程序，监督并确保市场上流通药品及医疗器械的安全性和有效性。在药物创新成果方面，以 FDA 每年批准的新药为例，1950—2018 年，FDA 累计批准了 1577 个新药，其中获批最多的三家公司分别是默克（56 个）、礼来（51 个）、罗氏（50 个）②。

2. 建立生物类似药专门的研发注册审批绿色机制

生物类似药是与已批准的生物原研药相似的一种生物药。美国在 2006 年之前基本没有专门政策监管生物类似药。之后，FDA 出台《证明生物类似药与参比生物制品具有生物相似性的科学考量》《证明生物类似药与参比生物制品具有生物相似性的临床药理数据》等系列生物类似药研发与评价指南，提出适当简化研发与评价中的技术要求、建立生物类似药注册专利链接制度、设立专门的生物类似药审评途径等，构建生物类似药的研发评价指南和专门的注册审批制度，有效促进了生物类似药的发展③。

---

①②尹政清，白京羽，林晓锋．美国生物医药产业竞争力分析与启示［J］．中国生物工程杂志，2020（9）：87－94.

③陈永法，王翠玲，伍琳．美国生物类似药研发与上市制度及对我国的启示［J］．中国医药工业杂志，2016（10）：1333－1338.

3. 建立统一的临床试验数据信息化平台

1997 年，FDA 和 NIH 下属的国立医学图书馆（NLM）联合开发了北美临床试验数据中心（ClinicalTrials），该数据中心于 2002 年正式运行。北美临床试验数据中心为医学科研人员和机构提供临床试验注册服务，对推进生物医药研究开发提供了重要支撑①。目前，北美临床试验数据中心的临床试验数据覆盖了美国境内 50 多个州和 192 个国家，已成为世界上最大的临床试验数据库。

3.2.5 打造有利于生物医药产业创新的生态环境

1. 建立体系化的生物医药创新支持机制

在制度法规层面，美国通过研究制定相应的法律法规、财政预算、管理法规、税收政策等，不断加强生物技术研究，鼓励发明创新和促进生物技术转移等，同时多种融资渠道也为生物医药行业提供必要的资金，其中包括风险投资、贷款、大公司出资、联邦拨款或资助、州政府拨款或资助等②。在机构建设层面，成立内阁级的生物防御指导委员会，由美国卫生和公众服务部部长担任委员会主席③。

2. 运用研发外包模式开展临床研究

美国生物医药行业创新的重要方式是研发业务外包，外包研发企业能够为制药企业缩短研发周期、大量节省新药研发经费，并提供专业化服务，外包研发约占了美国生物制药研发总额的 20%，发展了艾昆纬（IQVIA）、美国控股实验室（LabCorp）、精鼎医药（PAREXEL）、查士利华（Charles River）等一批世界顶尖的 CRO 企业。另外，受研发成本持续上升等多种因素的影响，美国生物医药企业推行研发离岸外包策略，包括 CRO 企业积极向海外拓展研发

①康迪．国外临床研究资源共享机制的借鉴研究［D］．北京：中国人民解放军军事医学科学院，2016．

②叶敏忠，苏瑞波，冯方平．美国生物医药产业集群发展的经验模式及对广东省生物医药发展的启示［J］．广东科技，2012（15）：20－20．

③高德胜，周笑宇．美国《国家生物安全防御战略》文本解读及其对我国生物安全建设的启示［J］．求是学刊，2020（2）：14－22．

外包业务，跨国公司将研发业务外包到新兴市场国家，与当地公司合作或建立海外研发中心等①。

3. 加强对创新药研发的保护激励

美国采取创新药自由定价、知识产权保护等措施鼓励新药研发，为美国医药企业研发创新提供了丰厚的创新回报。一是对于创新药的定价可以采取垄断的模式，市场自由定价是美国的药品定价模式，在市场独占期内，可以以较高垄断价格对创新药进行定价。二是为创新药在足够的时间内提供市场独占权，这种知识产权保护制度包括医药产业适用的专利期补偿制度、数据保护制度以及普遍适用的专利保护制度②。

3.3 若干启示建议

3.3.1 加强顶层谋划设计促进生物医药创新发展

美国从制度法规、战略规划等方面加强顶层谋划设计，对促进生物医药创新发展具有重要意义。我国要制定综合统筹的生物医药战略规划，在国家层面制定实施国家生物医药专项规划，系统谋划生物医药创新发展战略，制定配套完善的财政资助、税收优惠等政策，建设生物医药强国。要建立促进生物医药产业创新发展的统筹协调机制，推动多部门、跨学科交流合作，集聚资源和力量，完善生物医药产业创新管理体系。

3.3.2 进一步完善生物安全相关法规政策

美国制定了系列生物安全战略政策，我国也出台了《中华人民共和国生物安全法》，接下来要完善生物安全相关配套法规政策。进一步加强生物安全在国家安全体系中的战略地位，加强生物技术的研发资源统筹管理；进一步制

①李旭勤．美国生物医药产业 R&D 的总体特征运行模式及发展趋势［J］．全球科技经济瞭望，2009（2）：53－56.

②颜建周，董心月，陈永法，等．美国医药产业创新政策环境研究及对我国的启示：基于安进生物医药公司的实证研究［J］．中国医药工业杂志，2018（10）：1450－1458.

定完善生物武器防御与生物威胁应对、生物信息数据和遗传材料的跨境非法传递交易、生命科学两用性研究监管、生物实验室与生物技术安全管理、外来物种入侵防御等相关配套政策法规①。加强生物安全研究基础设施建设，制定完善应急规划方案及防控机制应对重大生物安全事件②。完善基因资源监测和保障的技术手段，加强对人口基因和动植物基因等资源的管控。

3.3.3 建立完善生物医药领域研发投入机制

我国要建立完善由财政投入、企业投资、风险投资等组成的多元化的生物医药研发投入体系。加强政府对生物医药产业的基础研究投入，国家自然科学基金要加大对生物医药领域基础研究的支持力度，引导高校、科研机构、医院瞄准世界科技发展前沿，聚焦脑科学、生命组学、病原生物学、合成生物学等前瞻性领域开展基础与应用基础研究。为中小微生物医药企业提供投贷支持等优惠政策，发展风险投资和证券市场融资，鼓励民间资本投资生物医药产业。建立罕见病药物、生物类似药研发支持机制，制定专门性政策法规，健全从基础研究、药物开发、临床试验、注册上市到推广应用全流程的支持政策，推动罕见病药物、生物类似药的创新发展。

3.3.4 发展世界一流生物医药科技创新平台及龙头企业

我国要建设发展高水平生物医药科技基础设施与实验室，围绕新冠肺炎等重大突发传染病和重大疾病，完善重大平台载体建设，增强生物医药领域战略科技力量和战略储备能力。持续推进生物医药领域国家实验室建设发展，支持在生命科学领域新建一批国家重点实验室，依托高校、科研机构建设一批高等级生物安全实验室。加强国家临床医学研究中心建设，推动基础研究向临床试验转化，提升疾病诊疗技术和服务能力。与此同时，加快培育一批世界一流的生物医药龙头企业，鼓励企业加大生物医药研发投入，开展基础研究和核心技

①丁陈君，陈方，张志强. 美国生物安全战略与计划体系及其启示与建议［J］. 世界科技研究与发展，2020（3）：253－264.

②高德胜，周笑宇. 美国《国家生物安全防御战略》文本解读及其对我国生物安全建设的启示［J］. 求是学刊，2020（2）：14－22.

术攻关，推动新药研发和成果转化。强化政府支持引导作用，采用药品定价、知识产权保护、税收优惠、招标采购、医保准入、资金扶持等方式加大对生物医药科技型企业的政策支持①。

3.3.5 建立完善的临床研究审批监管和支撑体系

临床研究是生物医药创新链上最重要的环节之一。不断完善临床研究审批监管体系，进一步修订完善新药及医疗器械审批监管的法律法规，加快推进审评审批制度改革措施落地见效，不断推进实施上市许可持有人制度，加快药品及医疗器械新产品上市和市场化速度。临床试验数据对临床研究具有重要科学价值，目前，我国生物医药研发对国外生物技术信息数据依存度极高，亟须加快数据信息库建设。建立完善生物医学数据管理制度体系，加强收集整理我国已产生或即将产生的生物医学数据与信息，构建生物医药信息数据库。

①颜建周，董心月，陈永法，等．美国医药产业创新政策环境研究及对我国的启示：基于安进生物医药公司的实证研究［J］．中国医药工业杂志，2018（10）：1450－1458.

第 4 章　英国生物医药产业创新发展政策研究

英国政府高度重视生物医药产业发展，出台系列战略规划和政策支持生物医药研发创新，不断加大生物医药研发投入，产业研发创新实力位居全球前列。本章主要分析英国生物医药产业创新发展现状特点和促进政策，并提出若干启示建议。

4.1　英国生物医药产业创新发展基础现状

4.1.1　形成了若干生物医药产业集聚区

英国在技术、人才、资金密集的区域，逐步形成了四大生物医药产业集聚区，分别是伦敦生物产业集群，剑桥生物医药产业集群、牛津生物医药产业集群以及位于苏格兰的爱丁堡生物医药产业集群，前三个产业集群的地理位置相近，被称为英格兰东区生物医药产业集群。

4.1.2　拥有强大研发能力的生物医药企业

根据 2020 年全球制药企业前 50 强排行榜，英国的葛兰素史克和阿斯利康位居第九和第十一，处方药销售额分别高达 312.88 亿美元和 232.07 亿美元，是全球领先的生物医药企业。其中，葛兰素史克公司由葛兰素威康和史克必成两个制药巨头合并，在抗肿瘤药物和疫苗领域居行业榜首，在胃肠道代谢、呼吸系统、中枢神经系统和抗感染四大医疗领域处于世界顶尖地位①。在医疗器械企业方面，在 2019 年全球医疗器械公司百强排行榜中，英国有 3 家公司入

①丁恺，陈健芬，蒋玮．葛兰素史克公司的产品安全评价体系［J］．口腔护理用品工业，2011（4）：43－44.

选（表4－1），入选企业数与韩国、丹麦并列第5名。英国医疗器械市场规模在欧洲仅次于德国与法国，是世界上最大的进口医疗器械国家之一。另外，麦肯锡（McKinsey）发表的《欧洲生物技术：增长和创新的坚实基础》报告显示，2012年以来，英国拥有了欧洲所有生物技术初创企业35%的市场占有率。

表4－1　英国入选“2019年全球医疗器械百强榜单”企业

企业	收入/亿美元	市值/亿美元	排名
施乐辉（Smith & Nephew）	49.49	214.53	18
理诺珐（LivaNova）	10.94	35.47	50
Consort Medical	3.88	6.54	77

资料来源：根据QMED“2019年医疗器械企业百强榜单”整理。

4.1.3　拥有生命科学与医学领域世界一流水平的高校

在2020年QS世界大学排名生命科学与医学学科全球排名榜单中，英国有21家高校进入前200强（表4－2），占比超过10%，上榜数量仅次于美国，位列全球第二，远超排名第三的德国（14家）。此外，大多数高校排名靠前，其牛津大学、剑桥大学、伦敦大学学院分别排全球第二、第三和第八，有8所高校进入全球50强、15所高校进入全球100强。其中，牛津大学和剑桥大学作为世界闻名的高校，学校周边聚集了一大批生物医药企业和研究所，是生物医药研发创新的聚集地。纽卡斯尔大学医学院是欧洲最顶尖的医学院之一，是欧洲第一个、世界第二个获批准的人类干细胞研究所；伦敦玛丽女王大学是英国癌症治疗研究先驱，也是英国国家医疗服务体系的发源地。

表4－2　英国入选“2020年QS世界大学排名生命科学与医学学科前200榜单”大学

序号	大学	论文篇均引用率	学术声誉	综合得分	全球排名
1	牛津大学	92.3	97.9	95.5	2
2	剑桥大学	90.7	98.4	94.4	3
3	伦敦大学学院	90.3	89.6	90.2	8
4	帝国理工学院	91.4	91.4	89.5	11
5	伦敦国王学院	88.5	87.8	86.1	20
6	爱丁堡大学	89.9	85.9	86.1	20
7	曼彻斯特大学	87.6	81	81.2	41

续表

序号	大学	论文篇均引用率	学术声誉	综合得分	全球排名
8	格拉斯哥大学	89.7	78.2	80.3	49
9	伦敦卫生与热带医药学院	92.4	76.7	80.1	51
10	布里斯托大学	89.2	75	79.2	59
11	诺丁汉大学	85.1	76	77.4	75
12	伦敦玛丽女王大学	90.5	70.1	76.5	83
13	伯明翰大学	87.6	71.6	76.4	86
14	纽卡斯尔大学	85.3	72.1	75.6	92
15	南安普顿大学	87.9	68.6	75.2	97
16	利物浦大学	84.4	71.6	73.7	117
17	卡迪夫大学	85.8	70.8	73.5	118
18	谢菲尔德大学	84.9	69.7	72.9	128
19	利兹大学	84.3	70.8	72.5	133
20	邓迪大学	80.6	72.4	71.4	150
21	阿伯丁大学	79.8	68.2	69.3	170

资料来源：根据“2020 年 QS 世界大学排名生命科学与医学学科全球前 200 榜单”整理。

4.1.4 拥有一批原创药品、发明专利等创新成果

在 2019 年全球药物销售额前 100 的药品榜单中，英国共有 10 款药品入选（表4－3），入选数量排名第三，涉及 HIV－1 感染、哮喘、血栓、糖尿病、癌症等多领域。在 2020 年全球生物医药产业发明专利排行榜前 100 榜单中，英国共有 5 家单位入选（表4－4），入选数量排名第五。英国著名生物医药创新企业葛兰素史克，共有4 款药物进入全球药物销售额前100 榜单，2020 年，该公司生物医药产业发明专利申请数量为 657 项，与 2019 年专利申请数量（508 件）相比增加了 29.33%。

表 4－3　英国入选“2019 年全球药物销售额前 100 榜单”药物

排名	药物名称	所属企业	适应证	年销售额/亿美元
341	多替阿巴拉米	葛兰素史克	HIV－1 感染	32.63
382	奥希替尼	阿斯利康	T 790M 突变非小细胞型肺癌	31.89

续表

排名	药物名称	所属企业	适应证	年销售额/亿美元
513	福莫特罗/布地奈德	阿斯利康	哮喘、慢性阻塞性肺疾病	24.95
554	带状疱疹疫苗	葛兰素史克	带状疱疹	23.17
595	氟替卡松/沙美特罗	葛兰素史克	哮喘、慢性阻塞性肺疾病	22.14
626	多替拉韦	葛兰素史克	HIV－1 感染	21.27
897	替格瑞洛	阿斯利康	血栓、卒中、急性冠状动脉综合征等	15.81
908	达格列净	阿斯利康	2 型糖尿病	15.43
989	埃索美拉唑	阿斯利康	胃食管反流病	14.83
10010	度伐利尤单抗	阿斯利康	尿路上皮癌、非小细胞型肺癌	14.69

资料来源：根据“2019 年全球药物销售额前 100 榜单”整理。

表 4－4　英国入选“2020 年全球生物医药产业发明专利排行榜前 100 榜单”企业

序号	企业名称	2020 年生物医药产业发明专利申请数量/件	排名
1	葛兰素史克	657	9
2	伦敦大学学院商科	140	58
3	4D pharma plc	119	65
4	Intellia Therapeutics	90	86
5	Autolus	85	92

资料来源：根据 IPRdaily 与 incoPat 创新指数研究中心“2020 年全球生物医药产业发明专利前 100 榜单”整理。

4.1.5　培养了一批顶尖的生物医药创新人才

英国在生物医药领域的顶尖创新人才层出不穷，自 1902 年至今，共有 32 位英国学者获得诺贝尔生理学或医学奖（表 4－5），总人数位居美国之后，位列全球第二。众多顶尖级生物医药人才对英国乃至全球生物医药行业的发展作出巨大贡献。

表 4－5　诺贝尔生理学或医学奖英国籍获奖者名单

时间	获奖者	获奖时所属机构	获奖原因
1902 年	罗纳德·罗斯	University College，Liverpool（今利物浦大学）	从事疟疾研究，揭示了疟疾如何进入生物体
1922 年	阿奇博尔德·希尔	伦敦大学	在肌肉产生热量上的发现
1929 年	弗雷德里克·霍普金斯	剑桥大学	发现刺激生长的维生素
1932 年	查尔斯·斯科特·谢灵顿	牛津大学	发现神经元的相关功能
	埃德加·阿德里安	剑桥大学	
1936 年	亨利·哈利特·戴尔	国家医学研究所	与神经冲动的化学传递相关的发现
1945 年	亚历山大·弗莱明	伦敦大学	发现青霉素及其对各种传染病的疗效
	恩斯特·伯利斯·柴恩	牛津大学	
1953 年	汉斯·阿道夫·克雷布斯	谢菲尔德大学	发现柠檬酸循环
1960 年	彼得·梅达沃	伦敦大学学院	发现获得性免疫耐受
1962 年	弗朗西斯·克里克	MRC 分子生物学实验室	发现核酸的分子结构及其对生物中信息传递的重要性
	莫里斯·威尔金斯	伦敦大学	
1963 年	艾伦·劳埃德·霍奇金	剑桥大学	发现在神经细胞膜的外围和中心部位与神经兴奋和抑制有关的离子机理
	安德鲁·赫胥黎	伦敦大学学院	
1970 年	伯纳德·卡茨	伦敦大学学院	发现神经末梢中的体液性传递物质及其贮存、释放和抑制机理
1972 年	罗德尼·罗伯特·波特	牛津大学	发现抗体的化学结构
1973 年	尼可拉斯·丁伯根	牛津大学	发现个体与社会性行为模式的组织和引发
1979 年	高弗雷·豪斯费尔德	Thorn EMI 中央研究实验室	开发计算机辅助的断层扫描技术

续表

时间	获奖者	获奖时所属机构	获奖原因
1982 年	约翰·范恩	威尔科姆研究实验室	发现前列腺素及其相关的生物活性物质
1984 年	色萨·米尔斯坦	MRC 分子生物学实验室	关于免疫系统的发育和控制特异性的理论，以及发现单克隆抗体产生的原理
1988 年	詹姆士·W. 布拉克	伦敦国王学院	发现药物治疗的重要原理
1993 年	理察·罗伯茨	New England Biolabs 公司	发现断裂基因
2001 年	蒂姆·亨特	英国皇家癌症研究基金会实验室（今伦敦癌症研究所）	发现细胞周期的关键调节因子
	保罗·纳斯		
2002 年	悉尼·布伦纳	分子科学中心（美国）	发现器官发育和细胞程序性死亡的遗传调控机理
	约翰·E. 苏尔斯顿	维康信托桑格研究所	
2003 年	彼得·曼斯菲尔德	诺丁汉大学	在核磁共振成像方面的发现
2007 年	马丁·埃文斯	卡迪夫大学	在利用胚胎干细胞引入特异性基因修饰的原理上的发现
2009 年	杰克·绍斯塔克	哈佛医学院；哈佛大学麻省总医院	发现端粒和端粒酶如何保护染色体
2010 年	罗伯特·杰弗里·爱德华兹	剑桥大学	在试管授精技术方面的发展
2012 年	约翰·格登	格登研究所	发现成熟细胞可被重写成多功能细胞，细胞核重编程技术
2014 年	约翰·奥基夫	伦敦大学学院	发现构成大脑定位系统的细胞
2019 年	彼得·拉特克利夫	牛津大学；弗朗西斯·克里克研究所	发现细胞如何感知和适应氧气供应
2020 年	迈克尔·霍顿	阿尔伯塔大学	发现丙型肝炎病毒

资料来源：根据诺贝尔生理学或医学奖得奖情况整理。

4.1.6 建成世界规模最大的人类遗传队列研究样本库

英国生物样本库（UK Biobank）是目前世界上已建成的规模最大的人类遗传队列研究样本库，由维康信托（Wellcome Trust）医疗慈善基金会、苏格兰行政院、英国医学研究理事会（MRC）以及英国卫生部共同出资建设。英国生物样本库在2006—2020年搜集了来自英国各地40～69岁近50万人口捐赠的健康数据，平均每名参与者有30个样本，共约1500万份生物样本。

4.2 英国促进生物医药产业创新发展政策经验

4.2.1 制定生物医药产业相关创新战略和政策

1. 前瞻性谋划部署生命科学产业发展

英国把生命科学作为未来的战略产业进行规划部署。早在2009年，英国就发布了《生命科学蓝图》，提出建设生命科学集群、改善生物技术企业发展环境等措施来推动生命科学产业发展。2014年12月，英国发布《我们的增长计划：科学和创新》，投资6亿英镑重点发展八大技术和战略产业，包括合成生物学、再生医学等。2017年8月，英国出台《生命科学产业战略》，提出推进英国国家医疗服务体系（NHS）与行业的互动和创新，强化企业发展与基础设施建设，促进慈善机构与NHS开展项目合作，加强科学研究与成果转化，实施医疗保健高级研究计划，保持英国在生命科学产业的全球领先地位①。2017年11月，英国发布《产业战略：建设适应未来的英国》白皮书，将老龄化社会列为影响未来的四大挑战之一，提出实施健康老人技术，支持开发与老龄化相关的新产品新服务，利用医疗保健数据改善健康水平，支持企业运用互联网技术发展新业务。2021年4月，英国发布 *Transforming the UK into a Life Sciences Superpower*，提出投入3700万英镑支持基因组学研究项目以及数据在生命科学的应用，更好地推动相关的药物研发、临床试验以及产业发展。

---

①张大璐，吴函蓉．英国生物技术发展现状浅析［J］．中国生物工程杂志，2020（6）：113－115.

2. 高度重视生物安全战略谋划

2018年7月，英国出台了《英国国家生物安全战略》，战略概述了4个方面的行动方案：加强信息的广泛收集、共享、评估以及国际合作，了解当前和未来可能面临的生物风险；加强国际协作、边境管控，开展负责任的生物科学研究，预防威胁到英国的生物风险出现；完善监测系统，提高信息处理能力，尽早且可靠地发现、检测和报告生物风险；通过制定高风险应对计划、重大国际疾病暴发应对计划，提高灾难应对和恢复的能力，保障医疗储备，加速疫苗开发和应用等，积极应对生物风险。《英国国家生物安全战略》还提出要建立一个跨部门的委员会，统筹生物风险防控工作，各部门通过行政规章及规范性文件对具体的生物安全事项进行监督管理①。

3. 大力推动生物医药研发国际合作

英国国家科研与创新署（UKRI）是英国最主要的研发资助机构，在制定各学科各领域国际科技合作战略与政策、推动国际科技合作中扮演着重要角色。UKRI每年的总预算超过70亿英镑，通过生物技术与生物科学研究理事会（BBSRC）、医学研究理事会（MRC）等下属的专门研究理事会实现政府投资框架计划，推进国际科技合作。BBSRC通过参与“人类前沿科学计划”等国际合作研究计划以及欧洲分子生物学组织和国际小麦产量合作联盟等国际组织，为英国研究人员获得经费、技术和基础设施等资源提供机会。MRC与欧盟委员会就“地平线2020”框架计划和“创新药物计划”进行合作；共同资助欧洲分子生物学实验室、欧洲分子生物学组织、剑桥大学欧洲生物信息学研究所；作为全球基因组学与卫生联盟的成员，促进基因组和临床数据共享。同时，与其他国家签署组织间协议，通过建立联系、扩展关系、试点研究以及可持续的互动等方式加强国际合作，提升英国生物医药产业创新能力②。

4. 制定措施积极应对阿尔茨海默病

阿尔茨海默病对老年人而言，比癌症、心脏病和中风等疾病更具破坏力。英国一项调查显示，到2051年，英国将有约174万阿尔茨海默病患者，三分

---

①吴晓燕，陈方．英国国家生物安全体系建设分析与思考［J］．世界科技研究与发展，2020（3）：265－275.

②刘小玲，徐进，任真．英国国家科研与创新署的国际合作战略与政策及其启示［J］．世界科技研究与发展，2019（4）：439－446.

之一的英国人将受这一疾病影响。目前，我国的阿尔茨海默病的患者数量估计达到900多万，预计到2050年将会超过4000万。为应对阿尔茨海默病，英国政府制定了一系列政策规划，降低阿尔茨海默病发病率。2001年，英国颁布《老年人国家服务框架》，提出了针对老年人的10年规划。2009年，英国发布了第一份《应对失智之首相承诺》，确立阿尔茨海默病照护的基本战略、总体目标和阶段性指标。2012年，英国发布《应对失智之首相承诺：2015年前在阿尔茨海默病照护和研究方面取得重大进展》，提出进一步提高照护水平、发展阿尔茨海默病友好社区、进行更好的研究等关键任务。2015年，英国又发布了《2020年应对失智之首相承诺》，提出了18项应对阿尔茨海默病的承诺。为落实这18项承诺，2016年，英国发布《2020年应对失智之首相承诺：执行计划》，规定了完成这些承诺相应的问责机制和日程表。截至2016年，英国阿尔茨海默病患者确诊率达到67.3%，阿尔茨海默病患者友好社区达170个①。

4.4.2 强化生物医药基础研究和核心技术攻关

1. 资助开展生物医药基础研究和核心技术攻关

英国政府高度重视生物医药领域的基础研究和生物技术、AI人工智能等技术的研发。2018年《英国生物科学前瞻》围绕推进生物科学前沿发展，提出通过加强对生命规律的探索和推动技术变革来促进生物科学的不断创新，全面理解和推动人类健康发展（表4－6）。英国投入1000万英镑建设未来生物制造研究中心，投入4500万英镑用于推进欧洲生物分子实验室下属欧洲生物信息研究所的数据基础设施建设②。另外，英国还积极推动适用于医药健康的AI人工智能基础设施建设，促进AI在生物医药领域的推广应用。2018年11月，政府在AI医疗细分领域投入5000万英镑，联合企业和研究机构成立了5个AI医疗技术中心，共同开发更智能的医学成像分析应用。2019年8月，投资2.5亿英镑用以新建国家AI实验室③。

---

①李芳．英国失智症患者长期照护体系及其启示［J］．中共福建省委党校学报，2018（9）：100－107．

②丁陈君，陈方，郑颖，等．全球生物科技发展态势及对我国的启示［J］．世界科技研究与发展，2020（2）：133－143．

③李莹莹，张建楠，顾宴菊，等．医药健康领域的国家人工智能战略发展规划比较研究［J］．中国工程科学，2019（6）：114－121．

表4－6 《英国生物科学前瞻》有关基础研究和核心技术攻关的部署

主题	关键目标
探索生命规律	①鼓励创造性驱动及好奇心驱动的生命规律研究； ②注重研究的卓越性和变革性，从而创造有助于生物学前沿研究发展的环境； ③保持英国核心学科的优势，加强微生物、动植物的基础研究，研究范围覆盖从分子到种群的范畴； ④保障成果知识共享； ⑤推动基础研究发展，将其作为英国生物科学发展的基本原则
推动技术变革	①加强学科融合，特别是物理和生物学科的融合，推动新技术在生物科学上的发展和应用； ②利用数学、计算机领域的创新方法从海量的生物学数据中发掘新知识，整合跨尺度的数据并研发预测动态模型； ③增强学术界和产业界对创新性生物科学技术的了解，提高各方利用其颠覆性技术的能力； ④提高非入侵性分析测量方法的灵敏度、速度和分辨率，同时积极开发生物系统的创新研究技术； ⑤实现新模型和方法的研发，为动物和人体生物学研究提供更有效的工具以减少动物实验； ⑥确保生物科学研究从最新的技术应用中受益
全面理解人类和动物健康	①结合生物科学、人类医学和动物医学的研究进展，改善人类和动物的健康状况，促进全面健康发展； ②推进早期发育及整个生命周期内的生理学和稳态控制机制研究； ③对营养学、农业科学和食品加工学进行整合研究，同时进一步加强对肠道微生物功能的研究，促进对饮食和健康关系的理解； ④鼓励和支持系统建模，促进学科交叉研究，探讨与健康相关的生物学机制； ⑤加强应对人兽共患病、媒介传播疾病及抗菌化合物耐药性的技术研发； ⑥拓宽生物科学的市场边界，包括个性化健康、再生医学、健康生物标志物、新治疗方案、食品和健康促进产品等

资料来源：根据《英国生物科学前瞻》报告[①]整理。

①巩玥，杨瑞，曹学伟．英国发布《英国生物科学前瞻》报告：全面发展生物科学，积极应对未来挑战［EB/OL］．（2020－07－09）［2021－08－19］．https://www.cnais.org.cn/uploads/file/20200709/1594281690142344.pdf.

2. 系统部署发展合成生物新兴技术

英国政府将合成生物学作为未来重点发展的新兴技术，成立了合成生物学路线图协调小组，开展路线图研究并制定发展路线图，先后制定了《英国合成生物学路线图》《英国合成生物学战略计划》等，是首个在国家层面通过路线图方式推动合成生物学发展的国家，促进了英国在合成生物学方面的基础研究和产业化应用①。2018 年，英国发布《2017 年英国合成生物学初创调查》，报告显示，英国在 2000—2016 年，对合成生物学的政府公共投资达 5600 万英镑，来自私人的投资达 5.64 亿英镑，成立合成生物企业 146 家②。

3. 加强生物医药科技基础设施建设

2018 年《英国生物科学前瞻》强调，前沿生物科学的发展依赖现代化、可持续发展的基础设施，包括数据驱动生物学的电子基础设施、高通量测序平台、生物成像基础设施等科技基础设施（表 4 －7）。英国高度重视生物安全 P4 实验室建设，拥有 10 所生物安全 P4 实验室③，生物安全三级实验室多达 600 多个，P4 实验室数量全球排名第二，仅次于美国。支持建设合成生物学创新中心，2009—2015 年，英国累计投入 3 亿英镑用于支持建设合成生物学创新中心④，搭建了跨学科的合成生物学研究中心网络。另外，英国还成立了国家健康研究所，每年提供 10 亿英镑资金资助医疗卫生临床试验、应用研究和研究基础设施建设⑤。

---

①周光明，陈大明，熊燕，等．英国合成生物学规划及其影响与启示［J］．中国细胞生物学学报，2019（11）：39 －48.

②④杜全生，洪伟，祖岩．2010—2019 年国家自然科学基金资助合成生物学领域情况［J］．合成生物学，2020（3）：385 －394.

③吴晓燕，陈方．英国国家生物安全体系建设分析与思考［J］．世界科技研究与发展，2020（3）：265 －275.

⑤姚洁，高军，李宝，等．英国国家健康研究院的管理创新分析和思考［J］．科技管理研究，2016（8）：103 －109.

表4－7 《英国生物科学前瞻》有关基础设施建设的示例

设施名称	主要用途
数据驱动生物学的电子基础设施	包括集成和可互操作的数据资源，以及用于大规模数据分析的计算机硬件和软件
高通量测序平台	用于基因组学、转录组学、蛋白质组学和代谢组学分析，以及相关的生物信息学性能分析
生物成像基础设施	用于从单分子研究到整体生物和田间尺度表型分析
自动化流水线	整合来自不同模态的数据
测试平台	支持各转化阶段的研究进展，扩大产品和技术的测试规模
卓越研究中心	为支持新的研究领域（或技术）的出现提供专业服务和专业设施
专业/大型设施	如用于研究植物、动物和人类传染病的高容量设施，可控环境下的设施以及包括多尺度表型的地块、田间和农场规模的研究设施
创新基础设施	支持研究人员和用户之间的知识交流和协作
支持生物资源研究的存储设施	如遗传资源、纵向和队列研究、生物存储库设施

资料来源：根据《英国发布〈英国生物科学前瞻〉报告》[①]整理。

4.2.3 促进生物医药企业创新发展

1. 加强对企业特别是中小微企业的研发激励

为更好地激励企业加大研发投入，英国提出了针对中小微企业和大企业的研发税收加计扣除政策，并在后续政策中提高对研发投入加计扣除比例，对大企业的扣除比例为130%，对中小微企业的扣除比例为230%。同时，为给企业提供更好的折扣标准与更多的税收优惠，英国政府提出研发费用抵免计划，最新税收抵免比例是对企业研发投入执行11%的税收抵免，对亏损的中小微

①巩玥，杨瑞，曹学伟．英国发布《英国生物科学前瞻》报告：全面发展生物科学，积极应对未来挑战［EB/OL］.（2019－02－26）［2021－08－19］. https://www.cnais.org.cn/uploads/file/20200709/1594281690142344.pdf.

企业，其研发投入享受14.5%的税收抵免（表4-8）。另外，英国政府支持建设专业孵化器，在促进研究团队和初创企业与海内外企业的合作、培育专业技术人员、技术成果转化、加快创新孵化等方面为生物医药企业研发创新提供专业服务①。

表4-8　英国税收激励政策

激励方式	企业类型	适用条件	具体措施
加计扣除	大企业	—	130%的税前加计扣除
	中小微企业	中小微企业是指总资产不超过8600万欧元或总收入不超过1亿欧元，且员工人数不足500人的企业	230%的税前加计扣除
税收抵免	大企业	—	11%的税收抵免
	中小微企业	—	11%的税收抵免
		适用于亏损的中小微企业	14.5%的税收抵免

2. 多融资渠道支持生物医药企业发展

英国政府支持生物医药创新发展，英国贸工部拨款将近30亿英镑用于生物医药产业的科技创新，投入3.11亿英镑绘制10万人基因组图谱。英国鼓励风险投资投向生物医药产业，良好的风投创投环境为生物医药企业提供了筹资渠道。英国是欧洲通过风险资本筹集资金最多的国家，占欧盟总额的四分之一，2019年英国生物医药行业共筹集了13亿英镑。与此同时，英国商业银行成立了英国患者资本（BPC），向包括“阿尔茨海默病发现基金”在内的四个生命科学基金投入了1.09亿英镑，BPC支持的股票基金向生命科学公司投资超过1.5亿英镑。

3. 不断完善全民医疗保险制度

医保制度对医药企业扩大产能并激励其创新具有重要推动作用。英国医疗保险体系作为欧洲规模最大的公费医疗体系，经过不断改革后成为以公共支出

①胡鸾雷，濮润，姚卫浩，等．英国生物技术产业创新创业生态系统的构建与启示［J］．中国生物工程杂志，2021（4）：100-105.

为主的健康保险系统，对全体国民以及所有有合法身份（包括在英国学习超过6个月的外国留学生）的外籍侨民提供免费或低廉的医疗服务，具有覆盖面广、非歧视性、基本满足国民医疗服务需求和较低成本等特征①。

4.2.4 完善促进临床研究的支撑保障体系

1. 构建脱欧前后不同的临床研究审批机制

根据英国与欧盟的协议，2020年1月31日，英国正式“脱欧”，结束其47年的欧盟成员国身份。英国的药品审评监督制度分为脱欧前和脱欧后两个阶段，在脱欧前，英国政府与欧盟共同致力于药品审批监督，英国药企同时遵从欧盟和本国的药品审评审批相关规定（表4-9）。在2001年，在药品生产和上市的有关指令方面，欧盟进行了相应的整合，出台最系统、最全面的药事法律指令2001/83/EC。在准入制度上，欧盟对药品实行上市许可持有人和生产许可持有人相分离准则，并且要求没有生产许可的药品生产企业不得从事药品生产②，设立了集中审批、非集中审批、互认审批和单一成员国审批4种程序，在审批程序的选择方面，药品上市许可申请人可以根据所申请产品的种类作出适当的选择。

表4-9 英国脱欧前的药品监管体系

类别	欧盟	英国
上市许可	集中审批程序	药品上市审批管理由英国药品管理局负责，特别是生物技术治疗和生物制剂方面的药品
	非集中审批程序	以国家临床优化研究院为核心的基于成本-效益评价的药品使用管理
	成员国审批程序	
	互认审批程序	

①张海涛. 英国医药体系对国内医药产业的启示［EB/OL］.（2019-02-27）［2021-07-13］. https://www.wenkunet.com/p-3620325.html.

②王蕴. 英国药品生产与流通体制现状、经验及启示［J］. 经济研究参考，2014（32）：86-112.

续表

类别	欧盟	英国
生产许可	质量授权人制度	药品生产执照
	制剂生产许可持有人可以不是该制剂上市许可的持有人	生产执照的持有人不需要另外的批发许可证就可以从事组装或生产相关医疗产品并进行储存和分销活动。
	原料药企业不需要药品生产许可	
	成员国审批程序	
	互认审批程序	

资料来源：根据《英国药品生产与流通体制现状、经验及启示》[①]整理。

脱欧后，英国需要根据本国情况进一步修改完善相关管理制度，致力于弥补脱欧后监管体系的欠缺。英国脱欧后的药品监管体系发生了不少改变，如在药品申请授权方面，若市场授权是从欧盟非集中、互认或集中评审程序中获得，则会转化为英国自身的市场授权；已在欧洲药品管理局备案但尚未完成集中申请程序的申请还须向英国药监局提交[②]。

2. 建立临床应用样本资源库

英国实施“临床应用研究数据集”服务计划，建立生物样本资源库，搜集临床数据以提高临床研究基础能力。英国生物样本库具体包括遗传、生物化学和成像数据段等信息，向通过伦理与管理委员会批准的研究人员提供样本材料，以便其开展相关研究，研发新的治疗和预防手段。英国生物样本库是世界上规模最大的人群样本库之一，样本种类丰富，覆盖临床研究范围广泛，在注重隐私保护的前提下，最大程度上实现了样本资源共享。英国还注重完善样本资源库的标准和法律依据，制定了《平衡个人基因数据使用权益》《人体组织及生物样本在研究中的使用——业务道德准则》《资料保护法》等政策法规，规范生物样本库的管理[③]。

---

①王蕴．英国药品生产与流通体制现状、经验及启示［J］．经济研究参考，2014（32）：86－112．

②张海涛．英国医药体系对国内医药产业的启示［EB/OL］．（2019－02－27）［2021－07－13］．https：//www.wenkunet.com/p－3620325.html．

③贺晶．我国 Biobank 规范化管理研究［D］．北京：北京协和医学院（中国医学科学院），2011．

3. 建立开放性临床研究数据平台

临床试验数据共享有助于促进临床研究的合作，推动临床研究，加强循证对临床用药的支持，避免临床试验的重复浪费。2012 年英国国会通过《医疗与社会福利法案》，为英国临床试验数据的共享提供了法律依据，赋予开放医疗记录的权力给英国卫生部门。随后，英国医疗与社会福利信息化中心启动“Care. data 项目”，集中力量搭建覆盖全英国的临床数据记录开放性数据平台（ODP），实现资源的开放共享①。

4.3 若干启示建议

4.3.1 强化生物医药产业创新发展的政策保障

英国注重围绕国家需求和产业趋势加强生物医药创新发展规划引导，制定合成生物学发展路线图鼓励开展科学研发，针对严重影响英国老年人生活的阿尔茨海默病前瞻性制定系列政策规划。我国要把生物医药产业作为未来发展的核心产业布局发展，在科技创新规划、医疗卫生健康规划、工业和信息化规划等各类规划中支持生物医药产业技术创新和产品应用，着眼人民健康需求前瞻谋划生物医药发展方向和突破点，并制定生物医药产业专项发展规划、发展路线图和政策措施，综合考虑基础研究、技术开发、临床研究、数据库建设、创新平台建设、产业园区和孵化器建设以及上市应用等生物医药创新发展全链条，引导高校、科研机构、医院和企业等各类创新主体以及高层次人才开展生物医药研发创新和推广应用。

4.3.2 推动生物医药基础研究和核心技术攻关

我国药物研发创新实力还比较薄弱、高端人才相对缺乏，尤其是基础研究和核心技术装备对国外还有一定的依赖性，原始创新能力亟须加强和提高。我

①康迪．国外临床研究资源共享机制的借鉴研究［D］．北京：中国人民解放军军事医学科学院，2016.

国要加强重大创新平台建设，加强国家实验室、国家临床医学研究中心、生物安全实验室等重大创新平台的布局建设，支持高水平高校、研究机构和大型医药企业建立研发中心，为突破世界前沿重大科学问题、取得重大原创成果提供支撑。要大力实施脑科学与类脑研究等重大工程和重大科技项目，开展中医药现代化、医疗器械国产化、创新药物开发等核心技术攻关，加强推动生物技术和信息技术融合发展，大力支持智慧医疗、精准医学、生物治疗、新型疫苗、干细胞与再生医学、组学技术等前沿技术突破。支持生物医药领域高水平高校和世界一流学科建设，大力培养生物医药创新创业人才。营造引人、用人、留人的环境，继续引进生物医药领域高层次人才。

4.3.3 加大对生物医药企业创新发展的支持力度

资金投入是生物医药产业创新发展的重要保障，要建立政府财政投入、企业研发投入和社会资金多元化支持生物医药产业创新发展的投入机制。要保障对国家自然科学基金、国家重大专项和重点领域研发计划的支持力度，引导其将一定的财政资金投向生物医药领域。鼓励银行机构进行金融产品创新，完善贷款担保、贷款贴息政策，为生物医药中小企业提供中长期贷款和知识产权质押融资。大力发展风投创投，建立风险补偿机制，鼓励风险投资机构对生物医药中小企业投资。支持和引导生物医药中小企业通过主板、创业板和科创板上市融资。

4.3.4 加快建设临床研究数据平台

英国注重通过临床数据的收集、管理和开放共享来提高国家临床研究基础能力，建成了英国生物样本库和开放性临床研究数据平台。我国在临床研究数据库建设以及资源集聚方面相对薄弱，要加大力度补足短板。要不断完善药物临床试验登记与数据开放机制，加快出台药物临床试验登记与信息公示管理制度，完善临床研究数据开放共享的政策法规系统。持续推动中国临床试验实时资料数据库及临床试验公共管理平台（ResMan）的建设和对外开放共享。研究制定与国际接轨的临床研究数据资源采集、收集、保藏、开放共享、获取使用的规范和标准，提高我国临床研究数据库建设和开放共享水平。

4.3.5 加强生物医药研发产学研合作和国际合作

推动生物医药研发创新，要集中政府、企业、高校、科研机构和医院的力量，构建以产学研相结合、市场为导向、企业为主体、政府为引导的生物医药产业化和技术研发体系，支持生物医药企业与高校、科研院所合作开展技术研发和成果转化应用。要充分利用国外创新资源，支持国家自然科学基金委生命科学部、化学科学部、医学科学部制定本学部的国际合作战略，推进生物医药领域重大项目国际科技合作。鼓励有实力的高校和科研机构参加生物医药大科学计划，鼓励有条件的企业在海外设立研发中心或分支机构，加强生物医药研发国际合作。

第5章 欧盟重点国家生物医药产业创新发展政策研究

欧洲是全球生物医药产业的重要发源地和集聚地，拥有赛诺菲、拜耳、诺和诺德等一批世界知名企业，生物医药产业创新能力较强。其中，德国、法国和丹麦是欧盟生物医药产业规模较大、创新能力突出的重点国家。本章主要分析德国、法国、丹麦等国生物医药产业创新发展现状特点和促进政策，并提出若干启示建议。

5.1 欧盟重点国家生物医药产业创新发展基础现状

5.1.1 打造了一批生物医药科技产业集聚地

德国、法国、丹麦在生物医药技术、人才、资金密集的区域逐步形成了生物医药产业聚集区和创新型产业集群。德国生物医药产业发展水平位居世界前列，形成了纽伦堡医谷、柏林－勃兰登堡地区、德国图特林根以及莱茵河上游金三角生物谷等生物医药产业集群。其中，纽伦堡医谷是著名的生物医药产业专业园区，拥有包括纽伦堡大学在内的多所高校研究院和高等应用科学学院，包括弗劳恩霍夫集成电路研究所、马普光科学研究所等机构。柏林－勃兰登堡地区是德国生物技术研究机构分布密度最高的地区，拥有柏林自由大学、洪堡大学、柏林科技大学、波兹坦大学等高等院校，以及马普克学会、莱布尼兹联合会、弗劳恩霍夫协会等一大批与生物技术相关的研究机构，还拥有多个生物科技园和实验室①。

①付红波，赵清华，李玉洁，等．德国：全方位推进生物科技及产业发展［J］．中国生物工程杂志，2008（10）：1－4.

法国拥有巴黎基因谷、阿尔萨斯生物谷、医疗微技术集群、里昂生物科技园区等多个世界级生物产业集聚区。其中，巴黎基因谷聚集了法国多个生物医药领域知名高校和科研机构，如在生命科学、基因工程等科学与工程领域处于领先位置的埃夫里大学、巴黎第七大学、国家科学研究中心、国家健康与医学研究院等；阿尔萨斯生物谷拥有100多家医疗技术公司，涵盖机器人锁孔手术技术、植入式医疗设备、药物输送和神经科学等领域，区域内的斯特拉斯堡大学的化学和生命科学优势明显；医疗微技术集群拥有200多家中小企业，专门从事植入式医疗设备和远程医疗等领域①；里昂生物科技园区位于里昂的格兰地区，主要从事生物技术的基础研究以及疫苗和传染病领域的研发，拥有让·梅里厄实验室等世界先进的生物安全实验室。

奥瑞桑德区域是丹麦和瑞典两国政府跨境合作区域，位于奥瑞桑德区域内的丹麦-瑞典生物医药谷是欧洲最具有创新能力的生命科学产业集群之一，在生物制药技术、诊断技术和急救技术以及在癌症、糖尿病、脑疾病和免疫性疾病领域具有优势。生物医药谷拥有多家研究机构和高校，包括瑞典隆德大学、丹麦国立哥本哈根大学和哥本哈根技术大学等；拥有多个世界级实验中心，包括欧洲散裂中子源、激光同步加速器源和哥本哈根糖尿病研究中心。

5.1.2 拥有全球顶尖的生物医药龙头企业

根据美国《制药经理人》杂志发布的“2020年全球制药企业前50排行榜”，德国、法国、丹麦共有8家企业上榜（表5-1）。英国医药资讯公司IDEA Pharma发布的“2020年医药创新指数和医药发明指数排行榜”显示，德国、法国、丹麦共有5家企业排名前30（表5-2）。第三方权威网站QMED发布的“2019年全球医疗器械企业百强排行榜”显示，德国、法国、丹麦共有10家企业上榜（表5-3），占总体的14%，其中德国有6家，包括排名第五位的费森尤斯医疗以及排名第七位的西门子医疗，说明德国在医疗器械领域处于全球领先位置。

---

①兰艺馨．欧洲七大医药技术聚集区各具特色，也有共通之处［J］．中国战略新兴产业，2018（17）：24-26.

表 5-1　欧盟重点国家入选“2020 年全球制药企业前 50 排行榜”企业

排名	企业	所属国家	处方药销售额/亿美元	研发收入/亿美元
7	赛诺菲	法国	349.24	60.71
15	拜耳	德国	186.10	30.81
16	诺和诺德	丹麦	182.96	21.32
17	勃林格殷格翰	德国	156.29	30.38
25	默克集团	德国	75.16	18.65
34	施维雅	法国	46.58	—
38	费森尤斯卡比	德国	42.24	5.68
47	益普生	法国	28.84	4.35

资料来源：根据《制药经理人》“2020 年全球制药企业前 50 排行榜”整理。

表 5-2　欧盟重点国家入选“2020 年医药创新指数和医药发明指数排行榜”企业

序号	企业	所属国家	医药创新指数排名	医药发明指数排名
1	诺和诺德	丹麦	13	29
2	赛诺菲	法国	17	22
3	勃林格殷格翰	德国	25	20
4	灵北制药	丹麦	26	30
5	拜耳	德国	27	26

资料来源：根据 IDEA Pharma“2020 年医药创新指数和医药发明指数排行榜”整理。

表 5-3　欧盟重点国家入选“2019 年全球医疗器械企业百强排行榜”企业

排名	企业	所属国家	收入/亿美元	市值/亿美元
5	费森尤斯医疗	德国	192.64	221.36
7	西门子医疗	德国	160.90	481.17
27	生物梅里埃	法国	28.01	114.79
35	德曼特	丹麦	21.52	79.97
36	赛多利斯	德国	19.60	157.38
37	德尔格	德国	18.87	8.88
38	大北集团	丹麦	17.91	64.20
40	蔡司医疗技术	德国	16.17	120.34
74	安保	丹麦	4.18	42.59
93	Stratec	德国	2.37	8.29

资料来源：根据 QMED“2019 年全球医疗器械企业百强排行榜”整理。

5.1.3 拥有一批生命科学与医学领域世界一流水平的高校

根据2020年QS世界大学排行榜，德国、法国、丹麦共有23家高校在生命科学与医学学科进入世界200强，其中，德国14家、法国7家、丹麦2家。丹麦的哥本哈根大学（第18）、德国的路德维希－马克西米利安－慕尼黑大学（第33）和鲁普莱希特－卡尔斯－海德堡大学（第33）、苏黎世联邦理工大学（第44）、法国的索邦大学（第45）进入全球前50名（表5－4）。

表5－4 欧盟重点国家入选“2020年QS世界大学生命科学与医学学科前200榜单”大学

序号	大学	国家	论文篇均引用率	学术声誉	综合得分	全球排名
1	哥本哈根大学	丹麦	89	84.6	86.5	18
2	路德维希－马克西米利安 －慕尼黑大学	德国	84.8	83.2	82	33
3	鲁普莱希特－卡尔斯－海德堡大学	德国	86.6	83.5	82	33
4	索邦大学	法国	87.4	76.3	80.6	45
5	慕尼黑工业大学	德国	85.2	77.7	78.8	62
6	巴黎大学	法国	86.4	72.6	77.7	70
7	奥尔胡斯大学	丹麦	82.9	74	76.4	86
8	弗赖堡大学	德国	83.8	73.5	73.9	115
9	图宾根大学	德国	83.1	73.1	73.4	121
10	乔治－奥古斯都－哥廷根大学	德国	82.9	75.1	73.2	123
11	法兰克福大学	德国	86	67.9	73.1	126
12	汉堡大学	德国	83.1	67.9	72.6	131
13	波恩大学	德国	84.2	67.4	72	140
14	巴黎文理研究大学	法国	83.7	63.8	71.8	144
15	巴黎第十一大学	法国	87	64.7	71.7	146
16	汉诺威医学院	德国	84.9	69.2	71.1	151
17	蒙彼利埃大学	法国	79.8	69.1	70.4	160
18	德累斯顿工业大学	德国	85.1	65.8	70.1	163
19	马赛大学	法国	83.9	65.1	70.1	163
20	科隆大学	德国	84	60.7	68.6	183
21	里昂第一大学	法国	77.7	68.5	68.2	192
22	亚琛工业大学	德国	81	63.7	68.1	195
23	明斯特大学	德国	82.3	64.5	68.1	195

资料来源：根据“2020年QS世界大学排名生命科学与医学学科全球前200榜单”整理。

5.1.4 拥有多家处于全球医疗行业领先地位的最佳医院

《新闻周刊》发布的“2020年世界最佳医院前100榜单”显示，德国、法国、丹麦共有19家医院入选（表5-5），包括排名第五的柏林夏里特大学附属医院，其研发创新能力处于世界顶尖水平。

表5-5 欧盟重点国家入选“2020年世界最佳医院前100榜单”医院

序号	医院	排名	国家
1	柏林夏里特大学附属医院	5	德国
2	奥尔胡斯大学医院	11	丹麦
3	皮蒂埃·萨尔佩特里埃尔医院	12	法国
4	海德堡大学医院	14	德国
5	瑞斯医院	19	丹麦
6	汉堡大学附属埃彭多夫医院	27	德国
7	慕尼黑大学附属医院	30	德国
8	佩莱格林医院集团	32	法国
9	汉诺威医学院	43	德国
10	里昂南部医院	前100	法国
11	里尔大学医学院附属克劳德·赫里兹医院	前100	法国
12	乔治·蓬皮杜欧洲医院	前100	法国
13	巴黎圣约瑟夫医院	前100	法国
14	普潘医院	前100	法国
15	慕尼黑工业大学伊塞尔河右岸医院	前100	德国
16	德累斯顿卡尔·古斯塔夫·卡鲁斯大学综合医院	前100	德国
17	弗赖堡大学医院	前100	德国
18	科隆大学医院	前100	德国
19	雷根斯堡大学医院	前100	德国

资料来源：根据《新闻周刊》“2020年世界最佳医院前100榜单”整理。

5.1.5 集聚了众多世界知名生物医药顶尖级人才

欧盟重点国家高度重视医学人才的培养，拥有众多世界一流的大学和研究机构，培养了一批生物医药顶尖级人才。自1901年设立诺贝尔生理学或医学奖到2020年，德国、法国、丹麦共有33人获诺贝尔生理学或医学奖（表5-6），覆盖器官移植、癌症、结核病、免疫等领域，在生物医药领域作出了卓越贡献。

表5-6 诺贝尔生理学或医学奖欧盟重点国家获奖者名单

序号	获奖者	国家	时间	获奖时所属机构	获奖原因
1	埃米尔·阿道夫·冯·贝林	德国	1901年	马尔堡大学	对血清疗法的研究，特别是在治疗白喉应用上的贡献，由此开辟了医学领域研究的新途径，也因此使得医生手中有了对抗疾病和死亡的有力武器
2	尼尔斯·吕贝里·芬森	丹麦	1903年	Finsen Medical Light Institute	在用集中的光辐射治疗疾病，特别是治疗寻常狼疮方面的贡献，由此开辟了医学研究的新途径
3	罗伯特·科赫	德国	1905年	普鲁士皇家传染病研究所	对结核病的相关研究和发现
4	夏尔·路易·阿方斯·拉韦朗	法国	1907年	巴斯德研究所	对原生动物在致病中的作用的研究
5	保罗·埃尔利希	德国	1908年	哥廷根大学；法兰克福皇家实验疗法研究所	免疫性研究
6	阿尔布雷希特·科塞尔	德国	1910年	海德堡大学	通过对包括细胞核物质在内的蛋白质的研究，为了解细胞化学作出贡献
7	亚历克西·卡雷尔	法国	1912年	洛克菲勒医学研究所	对血管结构以及血管和器官移植的研究
8	夏尔·罗贝尔·里歇	法国	1913年	索邦大学	过敏反应研究

续表

序号	获奖者	国家	时间	获奖时所属机构	获奖原因
9	奥古斯特·克罗	丹麦	1920 年	哥本哈根大学	发现毛细血管运动的调节机理
10	奥托·迈尔霍夫	德国	1922 年	基尔大学	发现肌肉中氧的消耗和乳酸代谢之间的固定关系
11	约翰尼斯·菲比格	丹麦	1926 年	哥本哈根大学	发现鼠癌
12	查尔斯·尼柯尔	法国	1928 年	—	对斑疹伤寒的研究
13	奥托·海因里希·瓦尔堡	德国	1931 年	威廉皇帝研究院（今马普研究所）生理研究所	发现呼吸酶的性质和作用方式
14	汉斯·斯佩曼	德国	1935 年	弗赖堡大学	发现胚胎发育中的组织者（胚胎发育中起中心作用的胚胎区域）效应
15	格哈德·多马克	德国	1939 年	明斯特大学	发现百浪多息（一种磺胺类药物）的抗菌效果
16	亨利克·达姆	丹麦	1943 年	Polytechnic Institute（今丹麦技术大学）	发现维生素 K
17	沃纳·福斯曼	德国	1956 年	美因茨大学	心脏导管术及其在循环系统的病理变化方面的发现
18	费奥多尔·吕嫩	德国	1964 年	马普研究所细胞化学研究所	发现胆固醇和脂肪酸的代谢机理和调控作用
19	方斯华·贾克柏	法国	1965 年	巴斯德研究所	在酶和病毒合成的遗传控制中的发现
20	安德列·利沃夫				
21	贾克·莫诺				
22	卡尔·冯·弗利	德国	1973 年	慕尼黑大学动物学研究所	发现个体与社会性行为模式的组织和引发
23	让·多塞	法国	1980 年	巴黎大学免疫血液学实验室	发现调节免疫反应的细胞表面受体的遗传结构

续表

序号	获奖者	国家	时间	获奖时所属机构	获奖原因
24	尼尔斯·杰尼	丹麦	1984 年	巴塞尔免疫学研究院	关于免疫系统的发育和控制特异性的理论，以及发现单克隆抗体产生的原理
25	乔治斯·克勒	德国			
26	厄温·内尔	德国	1991 年	马普研究所生物物理化学研究所	发现细胞中单离子通道的功能
27	伯特·萨克曼	德国			
28	克里斯汀·纽斯林－沃尔哈德	德国	1995 年	马普研究所发展生物学研究所	发现早期胚胎发育中的遗传调控机理
29	哈拉尔德·楚尔·豪森	德国	2008 年	德国癌症研究中心	发现导致宫颈癌的人乳头状瘤病毒（HPV）
30	弗朗索瓦丝·巴尔－西诺西	法国	2008 年	巴斯德研究所	发现人类免疫缺陷病毒（HIV）
31	吕克·蒙塔尼			世界艾滋病研究和预防基金会	
32	朱尔斯·霍夫曼	法国	2011 年	斯特拉斯堡大学	对于先天免疫机制激活的发现
33	托马斯·苏德霍夫	德国	2013 年	斯坦福大学；霍华德·休斯医学研究所	发现细胞囊泡运输与调节机制

注：根据诺贝尔生理学或医学奖得奖情况整理。

5.1.6 研发上市了一批具有市场竞争力的畅销药

“2019 年全球药物销售额前 100 排行榜”显示，德国、法国、丹麦共有 18 款药品进入全球销售额前 100 榜单，销售总额为 493.36 亿美元（表 5－7），占前 100 销售额的 15.74%。其中，德国入选 8 种，销售额达 267.22 亿美元，销售额占比为 9.10%；法国有 7 种药物入选，销售额为 151.14 亿美元，销售额占比为 4.44%；丹麦入选 3 种，销售额为 75 亿美元，销售额占比为 2.2%。德国、法国、丹麦上榜药物数约占全球销售额前 100 排行榜的五分之一，可见德国、法国、丹麦生物医药创新产品具有很强的市场竞争力。

表5-7 欧盟重点国家入选“2019年全球药物销售额前100排行榜”药物

排名	药物名称	所属企业	国家	适应证	年销售额/亿美元
7	阿柏西普	再生元/拜耳	美国/德国	湿性年龄相关性黄斑变性、糖尿病性黄斑水肿、糖尿病视网膜病等	74. 37
9	利伐沙班	拜耳/强生	德国/美国	血栓、卒中等	69. 34
30	甘精胰岛素	赛诺菲	法国	糖尿病	33. 73
31	恩格列净	勃林格殷格翰/礼来	德国/美国	2型糖尿病	33. 54
37	利拉鲁肽	诺和诺德	丹麦	糖尿病	32. 11
49	门冬胰岛素	诺和诺德	丹麦	糖尿病	26. 44
54	度普利尤单抗	赛诺菲	法国	特应性皮炎、哮喘	23. 23
56	噻托镍铵	勃林格殷格翰	德国	慢性阻塞性肺疾病、哮喘	23. 05
61	脊髓灰质炎疫苗	赛诺菲	法国	脊髓灰质炎	21. 80
63	流感疫苗	赛诺菲	法国	流感	21. 18
67	特立氟胺	赛诺菲	法国	多发性硬化症	21. 04
78	利格列汀	勃林格殷格翰	德国	2型糖尿病	17. 91
82	达比加群酯	勃林格殷格翰	德国	血栓、卒中、房颤等	17. 12
83	尼达尼布	勃林格殷格翰	德国	特发性肺纤维化	16. 70
86	索马鲁肽	诺和诺德	丹麦	糖尿病	16. 45
92	依诺肝素	赛诺菲	法国	血栓、心肌梗死等	15. 22
93	西妥昔单抗	默克/礼来	德国/美国	结直肠癌、头颈部鳞状细胞癌	15. 19
96	氟吡格雷	赛诺菲	法国	血栓、卒中、心肌梗死等	14. 94

资料来源：根据“2019年全球药物销售量前100排行榜”整理。

5.2 欧盟重点国家促进生物医药产业创新发展政策经验

5.2.1 加强生物医药产业创新发展战略规划

1. 欧盟层面的相关战略规划

（1）欧洲创新药物计划。欧洲创新药物计划由欧洲制药行业与协会联盟和欧盟委员会共同制定，聚焦癌症、脑部疾病、炎症性疾病、糖尿病、感染性疾病等重点领域，搭建合作平台将科研院所、医院、中小型企业、患者协会联合起来，共同解决医药研发过程中的瓶颈问题，加快药物研发进程。创新药物计划分别于 2008 年、2014 年纳入欧盟第七、第八框架计划①。

（2）欧盟框架计划重点支持医药健康研发创新。欧盟框架计划已经从第一个框架计划发展到第九个框架计划，从第三框架计划（1991—1994）首次将生命科学列为重点研究领域开始，随后的每期框架计划都明确了生命科学、健康、生物技术等生物医药相关领域的经费支持和具体任务。如第三框架计划（1991—1994）将生命科学与技术单独规划布局研究；第四框架计划（1995—1998）将生命科学与技术单列为一个重点资助领域；第五框架计划（1999—2002）资助改善生活质量的相关生物医药与健康研发创新；第六框架计划（2003—2006）将生命科学、基因组学和生物技术列入七个优先发展领域之一；第七框架计划（2007—2013）将健康和生物技术作为十大重点资助领域之一，支持开展生物医药健康相关的基础研究、应用研究以及新治疗方法研究；第八框架计划（2014—2020，也称为“地平线 2020”）投入 74.72 亿欧元（占比 9.7%）资助与人类健康、人口变化和福利相关的研发创新；第九框架计划（2021—2027，也称为“地平线欧洲”）投入 77 亿欧元（占比 7.9%）资助与健康相关的研究创新，把癌症作为五个优先研究领域之一，致力于减少癌症病亡病例并改善癌症康复者的健康状况，还提出了“减轻阿尔茨海默病负担，到 2030 年将阿尔茨海默病患者的负担减半”的研究任务，设立“阿尔茨

①应益昕，王健，王晔博，等. 欧洲药物创新计划实施对我国药物研发计划的启示［J］. 全球科技经济瞭望，2020（2）：35－39.

海默病个性化诊断的创新技术”“人工智能支持身体疾病患者和心理疾病患者的独立”“提高对神经退行性疾病发病概率的认识”“神经退行性疾病的个性化治疗”等研究项目。

2. 国家层面的相关战略规划

德国、法国也针对性地制定了生物医药产业相关创新战略规划和政策。2006 年德国联邦政府颁布了首个国家层面、跨部门和跨领域的科技发展战略《德国高技术战略》，并于 2010 年、2014 年、2018 年对《德国高技术战略》进行了调整，医疗健康始终是核心主题之一。在医疗健康方面，2006 年发布的《德国高技术战略》和 2010 年发布的《德国 2020 高技术战略》均提出了医疗技术行动计划、新健康研究计划；2014 年发布的《新高技术战略》提出了个性化医疗行动计划、疾病预防与营养研究行动计划、健康研究框架计划等；2019 年发布的《高技术战略 2025》聚焦癌症抗争和发展智能医学，提出发展健康护理领域的人机交互尖端技术、发展数字化卫生系统并保护患者数据等具体措施。2015 年法国发布的《法国－欧洲 2020：研究、技术转移和创新的战略议程》提出支持系统生物学与合成生物学的知识发现及其在医学与产业上的应用。意大利 2019 年发布最新版《意大利的生物经济：为了可持续意大利的新生物经济战略》，支持包括生物医药在内的生物经济发展①。

5.2.2 加大资金投入支持促进生物医药产业研发创新

1. 欧盟层面和国家层面加大生物医药研发经费投入

欧盟从第三框架计划开始，均把生物医药相关领域作为重点研发支持领域，第八框架计划（2014—2020 年）（“地平线 2020”）提出在“健康、人口变化和福利”领域投入 74.72 亿欧元，第九框架计划（2021—2027 年）（“地平线欧洲”）提出在“健康”领域投入 77 亿欧元，并把癌症治疗作为五大重点优先资助专项。欧盟历次框架计划经费投入及分配情况见表 5－8。

欧盟国家也纷纷采取举措加大对生物医药研发创新的资金投入和支持。德国《高技术战略 2025》提出实施国家抗癌 10 年计划和建设德国全球健康中

①郑斯，韩祺，陈艳萍，等. 近期国外生物经济战略综述及对我国的启示［J］. 中国生物工程杂志，2020（4）：108－113.

心，持续实施 BioChance 计划和 BioChancePlus 计划，支持中小型生物技术企业创新发展。法国投入 6.7 亿欧元实施“基因组医疗 2025”，大力发展基因组医疗产业和个性化医疗。

表 5-8　欧盟历次框架计划经费投入及分配情况

计划名称	总经费/百万欧元	主要研究领域经费分配/百万欧元
第一框架计划（1984—1987）	3750	其中，能源（1770），增强工业竞争力（1060），改善工作生活条件（385），发展援助（150），农业（130），原材料管理（80）
第二框架计划（1988—1990）	5394	其中，信息与通信技术（2275），能源（1173），传统产业改造（845），生活质量（375），科技合作（288），生态资源（280）
第三框架计划（1991—1994）	6600	其中，信息技术与通信和工业材料（3488），自然资源管理（2455，包括环境、生命科学与技术、能源）
第四框架计划（1995—1998）	12 300	其中，信息与通信技术（3405），工业技术（1995），环境（1080），生命科学与技术（1572），能源（2256），交通（240），社会经济研究（138），国际合作（540），成果转化（330），人力资源（744）
第五框架计划（1999—2002）	14 960	其中，改善生活质量和生态管理（2413），创造利民的信息社会（3600），促进竞争与可持续发展（2705），能源环境与可持续发展（2125），加强国际合作（475），创新（363），改善研究潜力与社会经济知识基础（1280）
第六框架计划（2003—2006）	17 500	其中，生命科学与基因及用于健康的生物技术（2255），信息社会技术（3625），纳米技术和纳米科学及智能材料、新制造工艺和设备（1300），航空航天（1075），可持续发展、全球变化和生态系统（2120），食品安全与质量（685），知识社会的公民和政府（225），更大领域范围的专项科学和技术研究（1300），联合研究中心活动（760），研究与创新（290），人力资源和流动（1580），研究的基础设施（650），学科与社会（80），支持合作活动（270），发展研究和创新的政策（50），欧洲核能研究与培训（1230）

续表

计划名称	总经费/百万欧元	主要研究领域经费分配/百万欧元
第七框架计划（2007—2013）	53 200	其中，健康（6100），食品、农业和渔业、生物技术（1935），信息通信技术（9050），纳米科学、纳米技术、材料、新生产技术（3475），能源（2350），环境（1890，包括气候变化），交通（4160，包括航空），社会经济学、人文科学（623），空间（14），安全（30），专项计划二、原始创新计划（7510），专项计划三、人力资源计划（4750），专项计划四、研究能力建设计划（4097）
第八框架计划（2014—2020）地平线 2020	77 028	其中，欧洲研究理事会（13 095），未来和新兴技术（2696），玛丽·居里计划（6162），欧洲基础研究设施（2488），保持使能技术和工业技术领先（13 557），风险融资通道（2842），中小企业创新计划（616），健康、人口变化和福利（7472），粮食安全、可持续农业、海洋海事和内陆水研究及生物经济（3851）
第九框架计划（2021—2027）地平线欧洲	97 600	其中，欧洲研究理事会（16 600），玛丽·居里人才行动（6800），科研基础设施（2400），健康（7700），包容与安全的社会（2800），数字化与工业（15 000），气候能源与交通（15 000），食品和自然资源（10 000），欧盟联合研究中心（2200），欧洲创新理事会（10 000），欧洲创新生态系统（500），欧洲创新与技术研究院（2400），分享卓越计划（1700），改革和加强欧洲研发创新体系（400）

注：加粗部分表示生物医药相关资金投入。

2. 生物医药企业注重加大新药研发投入

欧盟重点国家生物医药企业注重研发投入，支撑企业在全球制药研发领域处于领先地位。根据 FierceBiotech 公布的 2019 年研发投入最高的十大药企，法国的赛诺菲和艾伯维分别以 65.2 亿美元（占营业收入的 16.7%）、64.1 亿美元（占营业收入的 19%）的研发投入位居第六和第七（表 5 - 9）。

表5－9 2019年研发投入前10药企名单

排名	企业	国家	研发投入/亿美元（对比2018年）	2019年总收入/亿美元	研发预算占营业收入百分比/%
1	罗氏	瑞士	120.6（↑6%）	633.4	19
2	强生	美国	113.6（↑5.3%）	821	13.8
3	默沙东	美国	99（↑1%）	468.4	21.1
4	诺华	瑞士	94（↑13%）	474.5	19.8
5	辉瑞	美国	86.5（↑8%）	518	16.7
6	赛诺菲	法国	65.2（↑2.2%）	391.5	16.7
7	艾伯维	法国	64.1（↓38%）	332.7	19
8	百时美施贵宝	美国	61.5（↓3%）	261	23.6
9	阿斯利康	瑞典	60.6（↑2.1%）	244	24.8
10	葛兰素史克	英国	56.2（↑15%）	415.5	13.5

资料来源：根据FierceBiotech“2019年研发投入最高的十大药企”整理。

3. 健全金融投资体系支撑生物医药研发创新

除了政府财政投入生物医药产业创新外，欧洲地区发达的金融体系也为生物医药产业提供了充足的资金来源。法国里昂生物科技园区理事会设立地区项目基金、全国项目基金、欧洲项目基金和世界合作基金，吸引创业企业和风投企业集聚。丹麦－瑞典生物医药谷是欧洲跨国产学研产业集群联合体，在吸引生物医药投资方面常年位居欧洲首位，并通过协调公共基金、政府投资基金和民间风险投资基金的合作，保障生物医药企业更加便捷地获得资金支持。

5.2.3 加强生物医药人才培育和重大科研基础设施建设

1. 加强生物医药人才队伍培育发展

欧盟重点国家实施了一系列卓有成效的创新人才培养政策举措。如：持续实施“博洛尼亚进程”，整合欧盟高等教育资源，推进高等教育一体化，促进人才培养和跨国交流；欧盟从第七至第九框架计划分别投入47.50亿欧元、62亿欧元、66亿欧元设立“玛丽·居里人才行动”基金，支持学者开展研究和跨国学术交流；发布《欧洲研究人员宪章》，实施《欧洲研究区的人才流动战略》和“科学签证”一揽子措施，支持研究人员跨国流动和开展研究探索。

欧洲主要国家通过实施绩效拨款制度、完善高等教育质量评估机制等一系列治理改革举措，构建起以“协同共治”为基础的新型治理关系①。高等教育管理体制和人才培养制度的改革，极大地促进了欧洲地区生物医药领域高校的人才培养和医院的发展。根据 2021 年 QS 世界大学排名榜和 2020 年 100 所世界最佳医院榜单，欧洲地区共有 29 所高校在生命科学与医学学科进入世界 100 强，有 42 家医院入选世界最佳医院，这表明欧洲地区高校和医院的教育水平和创新能力处于世界顶尖水平。众多世界一流的大学和全球最佳医院也培养了一批生物医药人才，据统计，自诺贝尔生理学或医学奖设立以来，欧洲地区共有 60 人获诺贝尔生理学或医学奖，覆盖器官移植、癌症、结核病、免疫等领域，欧洲地区生物医药顶尖级研究人才数量位居全球前列，为欧洲乃至世界生物医药领域创新发展作出了卓越贡献。

2. 强化生物医药重大科研基础设施建设

欧盟高度重视生物医药领域科研基础设施建设，先后资助建设了欧洲大型生命科学核磁共振科研基础设施、欧洲先进转化医学科研基础设施、欧洲临床科研基础设施网络、欧洲儿科临床试验研究基础设施、欧洲化学生物学开放筛选平台基础设施、欧洲生物学和生物医学成像技术科研基础设施、欧洲高致病因子科研基础设施等，为生物医药领域的研发创新提供科研基础设施。另外，欧盟还支持大型生物医药领域实验室建设，2015 年启动建设欧盟纳米医学定性实验室。欧盟高度重视和支持生物医药相关基础数据库建设，2004 年和 2006 年，欧盟先后发布 Regulation（EC）No. 726/2004 和《儿科药物法规》两部法规，允许部分临床试验信息的公开。2004 年 5 月建设了欧盟临床试验数据库（即 EudraCT 数据库）。2011 年 3 月，发布欧洲临床试验注册中心网站（简称“EU CTR”），方便用户通过该网站查询 EudraCT 数据库中的大部分信息②。目前，EU CTR 已经成为 WHO 临床试验登记机构协作平台的一级登记平台之一。截至 2021 年 3 月，EU CTR 已登记 39 290 项采用 EudraCT 协议的临床试验，其中 6435 项是针对 18 岁以下受试者进行的临床试验。法国建立了全国

①刘路，COATES H. 欧洲国家大学治理改革对我国“双一流”建设的启示［J］. 高教探索，2020（1）：59－66.

②王玉珠，王利华，张晓东，等. 欧盟临床试验网站的发展和现状［J］. 中国临床药理学杂志，2014（9）：830－832.

儿科临床研究中心网络，为研究者们提供临床研究方案设计和实施等支持[①]。丹麦也建立了国家生物资料库，能够连接保存丹麦人口完整医学记录的丹麦国家注册系统，研究人员可以获得病人的病理样本和患病前的生物样本，为跟踪、预防及治疗疾病和开展遗传学、流行病学的研究奠定基础。

5.2.4 加强药品监管机构及审查机制建设

1. 加强药品监管机构建设

欧盟的药品监管机构是欧洲药品管理局，主要负责对申请上市的新药进行技术审评和监督管理，协调欧盟的药品评估工作。欧盟各国也有各自的药品监管机构，负责药品审批互认程序和分散程序、欧洲药品管理局委派的监督检查和所在国的日常监督检查、所在国药品上市后疗效与安全性监控等工作。如德国药品监管部门主要是联邦药物与医疗器械管理局和联邦疫苗及血清研究所，其中，联邦疫苗及血清研究所主管血清、疫苗、血液、骨髓与组织制剂、基因工程方法制造的血液成分等药品，联邦药物与医疗器械管理局主管除联邦疫苗及血清研究所监管以外的医疗器械和人用药品[②]。此外，欧洲制药工业协会联合会牵头建立了欧洲药品验证系统，成立欧洲药品验证系统指导委员会，会同欧洲制药业各大行业协会推动《欧盟反伪造药品指令》等电子监管相关法律法规的建立与完善，为欧洲药品电子监管系统和药品电子监管制度的实施奠定了基础[③]。

2. 健全药品审评审批制度

欧盟建立了比较完善的药品上市许可体制，设立了集中审批、非集中审批、互认和单一成员国审批4种程序，确保药物安全有效上市。其中，互认程序以单一成员国审批程序为基础，其他欧盟成员国监管机构认可第一个成员国的批准结果。另外，为加快部分特殊药物评审，欧盟还建立了附条件上市许

---

①赵维，JACQZ-AIGRAIN E. 法国儿科临床研究中心网络：欧洲合作计划新视点［J］. 儿科药学杂志，2011（1）：1－5.

②陈相龙. 德国和英国药品监督管理工作概况及对我国的启示［J］. 医药导报，2016（6）：670－674.

③丁锦希，陆慧，孟立立，等. 欧盟药品电子监管制度及其启示［J］. 中国医药工业杂志，2012（8）：718－724.

可、适应性审评和重点药物审批三个程序，其中，附条件上市许可适用于审核用于治疗或诊断严重损害身体健康的疾病和罕见病的药品，以及预期用于紧急情况的药品和罕见病药物，监管部门认为该产品上市对公共卫生带来的益处大于由于缺少详细数据带来的风险，符合未满足的医疗需求，则授予有效期一年的附条件上市许可；适应性审评主要适用于医疗需求较大但很难通过传统方式收集数据的疾病治疗手段；重点药物审批制度旨在促进当前医疗需求尚未满足的疾病、治疗细菌耐药、防控重大疫情药物的研发①。

另外，欧盟为实现保护公众健康、促进药品安全生产，制定实施了《GMP总则》《GMP 指南》《欧洲共同体药品生产质量管理规范》等系列法律政策和管理规范，加强药品生产、流通全过程风险管理，确保公众能够安全有效地使用药品，最大限度降低药品使用风险②。

5.2.5 营造生物医药产业创新发展良好生态

1. 注重生物医药国际合作和产学研协作

欧洲医药产业的发展很大成程度上得益于欧盟的协调管理和各个国家之间的密切合作。如“欧洲创新药物计划”的参与者包括欧洲委员会、高校、生物制药公司以及欧洲制药协会，欧洲委员会和欧洲制药协会还联合成立了一个管理机构协调管理，促进欧盟各国之间的生物医药产业合作。德国教研部与中国科技部合作实施“中德生物技术青年科学家小组”计划，促进中德双方的青年科学家进行合作创新研究。丹麦和瑞典集中两国生物医药技术、人才、资金和政策资源，建立丹麦－瑞典生物医药谷，促进园区企业、高校、科研机构与医院开展合作研发和临床研究，打造良好的生物医药产业创新发展环境，形成从研发、临床到制造的完整生物医药产业链③。

2. 加强生物医药产业孵化器及创新基地建设

孵化器和创新基地等孵化载体通过为新创办的科技型中小企业提供物理空

①孙咸泽，李波，王翔宇，等．欧盟药品审评审批制度对我国的启示［J］．中国食品药品监管，2017（11）：7－11.

②任经天，郑文科，张俊华，等．生产企业在药品上市后风险管理中的重要作用［J］．中国药物警戒，2014（2）：88－93.

③王一纯．丹麦－瑞典生物医药谷区域经济环境发展路径分析［EB/OL］．（2020－04－28）［2021－08－19］．https://www.cn－healthcare.com/articlewm/20200428/content－1108333.html.

间、基础设施和专业化服务，有利于降低创业者的创业风险和创业成本，促进科技成果转化①。欧洲各国重视孵化器和创新基地的建设，促进生物医药科技成果转化和产业发展。如成立于 1997 年的 BioM 是由德国巴伐利亚州卫生部创立的非营利性生物科技孵化器管理机构，其创新产业集群管理包括 IZB 初创企业孵化器、m4 创业种子基金、BioM 商务咨询等，为初创企业提供设立、融资、发展指导等多层面的孵化和支持。拜尔医药集团作为德国药业的领军企业，成立了德国首家由药业集团发起的孵化器机构——柏林拜尔集团孵化器，为符合拜尔研发战略的初创企业提供非绑定性的种子基金支持以及开放式科研空间②。

3. 加大医药产品采购支持力度

在医药采购方面，国际上药品集中采购主要分为公共部门主导和私营部门主导两种模式③，欧盟国家主要通过招投标和协商两种方式采购药品，采购方式按组织层级分为中央采购、区域或团体采购、医院单独采购三类，上述采购途径可混合使用④。具体国家而言，丹麦由国家采购机构负责所有公立医院的药品供应，意大利、芬兰分别成立了地区性治疗委员会、初级保健护理市政局等地区性采购委员会负责当地医院用药采购，德国、法国等国的医院在药品采购上有较大自由度，医院自主决定采购方式并从生产商处购买药品。2014 年 4 月，欧盟委员会通过了《整合采购协议》，提出把欧盟成员国作为一个整体共同采购流行病疫苗和药品，改善采购条件，保证疫苗和药品的充分供应。新冠肺炎疫情暴发后，欧盟实施统一采购和分发疫苗的欧盟疫苗接种计划，同时欧盟成员国也可以与其他疫苗供应商进行单独交易。

4. 加强生物医药知识产权保护

欧盟采取了一系列专利保护措施，建立欧洲医药用途发明专利的审查标准，规定新药出来后可申请专利保护，专利保护期可达 20 年，新药还可申请

---

①晁媛媛．在孵企业与孵化平台价值互动模式探索：以甘肃融创立方加速器为例［J］．商讯，2020（3）：108，110.

②李季涛，刘茹，孟宇，等．发达国家生物科技企业培育孵化特点及对我国的启示［J］．2021（1）：89－99.

③徐源，何江江，陈珉惺，等．药品集中采购国际经验及对我国国家层面带量采购的启示［J］．中国卫生经济，2021（4）：93－96.

④傅鸿鹏，娄兰翔，袁雪丹，等．国内外药品集中采购典型做法述评［J］．卫生经济研究，2015（9）：3－6.

政府行政保护，时间为7～8年。早在1973年，《欧洲专利公约》第54条就首次认可了已知物质“首次药用”的新颖性，即对于已知的化合物，如果首次发现其医药用途，那么对该化合物的知识产权可再次授权，即通常意义上的第一医药用途。2000年11月，欧洲专利组织对《欧洲专利公约》进行了进一步修订，解决了第二医药用途的法律基础，专利权的保护范围更加清晰。2017年11月修订的《欧洲专利局审查指南》中对医药用途类发明的新颖性审查作出具体规定①，对于首次药用，用于治疗方法的新产品可以被授予专利权；对于第二医药用途，当一种物质或化合物已知能用于“第一医药用途”，且该用途相对于现有技术具有新颖性和创造性，其第二或其他医药用途依然可以获得专利授权②。

5.3 若干启示建议

5.3.1 加强生物医药产业创新战略布局和政策保障

欧盟先后实施了欧盟框架计划等重大战略，注重从战略计划的高度推动生物医药产业创新发展。《德国高技术战略》《法国－欧洲2020：研究、技术转移和创新的战略议程》和《意大利的生物经济：为了可持续意大利的新生物经济战略》等国家层面的发展战略也对生物医药产业发展进行了规划。我国要积极发挥政府战略规划在生物医药产业创新发展的积极作用，在战略规划和政策保障方面加大引导力度，把生物医药产业培育发展成为引领未来经济增长及提升国家整体竞争力的核心产业。要将生物医药产业创新发展纳入国家中长期科技发展战略规划和“十四五”规划，从国家战略高度重视生物医药产业的创新发展。要制定和完善国家生物医药产业创新发展计划，提出生物医药产业创新发展的重点技术领域和发展方向，引导全社会投入生物医药创新发展。

①吴立，薛旸．欧洲医药用途发明专利的审查标准沿革及中欧审查实践对比［J］．中国新药杂志，2020（13）：1449－1455．

②肇旭．欧洲医药、生物技术领域不可专利客体的演变及启示［J］．知识产权，2015（4）：134－142．

5.3.2 持续加大生物医药资金投入

欧盟重点国家制定的生物医药战略规划和相关计划均提出要提高政府对生物医药产业创新的财政投入，知名医药企业更是持续加大研发投入。我国要加大财政对生物医药研发创新的投入力度，通过财税政策引导企业加大研发投入，构建以政府投入为引导，企业资金投入、社会资金投入为主体的多元化投入体系。政府要加大对生物医药基础与应用基础研究的支持，持续实施新药创制等国家科技重大专项和重点专项，集中优势资源攻关关键核心技术和重大战略产品。落实高新技术企业所得税减免、企业研发费用加计扣除等政策，激励企业加大生物医药研发投入。支持组建生物医药创新创业投资基金，根据生物医药产业不同发展阶段的资金需求，对医药研发项目进行资助。要充分发挥资本市场的作用，吸引社会闲散资金以解决产业资金短缺的问题，带动社会资金投资生物医药科技创新、成果转化和创业孵化。

5.3.3 完善药物临床试验登记与数据开放机制

医疗活动所产生的大量数据是临床科研的源泉，建立数据库开展数据登记和开放共享是对医疗数据进行科学利用的基础。欧盟先后建成欧盟临床试验数据库和欧洲临床试验注册中心网站，法国和丹麦也分别建立了法国儿科研究中心网络、国家生物资料库，以提高公众对临床试验信息的可获取性。我国要贯彻落实《中华人民共和国药品管理法》，完善药物临床试验登记与数据开放机制，加快出台《药物临床试验登记与信息公示管理制度》，要求在开展药物临床试验前在药物临床试验登记与信息公示平台登记药物临床试验方案等信息并及时更新。持续推动临床试验资料数据库和临床试验公共管理平台建设和对外开放，进一步明确临床试验病例记录表内容在线记录、上报和保存管理规定，确保研究者、项目管理者、临床试验投资人、全球生物医学期刊均可使用数据库系统，查阅除试验参与者隐私资料以外的临床试验数据。

5.3.4 培育发展具有国际竞争力的生物医药龙头企业

欧盟国家拥有一批全球著名的生物医药创新型企业，如德国拥有6家百强医疗器械公司。作为全球人口最多的国家和第二大经济体，我国要培育和发展一批具有国际竞争力的生物医药标杆企业，提升新药研发能力和国际竞争力。要实施生物医药产业创新型企业培育计划，从“种子—初创—成长—扩张—成熟”全生命周期给予扶持，培育发展一批具有国际竞争力的行业排头兵。支持生物医药企业与国际研究机构合作，为企业建设海外研发中心或离岸创新中心、共建研发机构、知识产权海外布局、人才引进等跨国科技合作提供保障支持。

5.3.5 加强生物医药产学研一体化和国际合作

欧盟生物医药产业创新发展离不开欧洲相关国际组织的协调管理和各个国家之间的密切合作。我国要进一步完善生物医药产业创新发展的产学研合作体制机制，支持建设生物医药专业孵化器、创新创业基地和技术转化平台，充分发挥科技中介服务机构和行业的组织作用，支持企业牵头建立生物医药产业领域产学研合作技术创新联盟。加强国际生物医药产业创新交流合作，重点加强与其他国家在生物医药领域的交流合作，在有基础和优势的地方联合建立生物技术与医药产业合作区，积极整合全球创新资源，走开放式发展道路，提高我国生物医药研发创新的整体实力。

第6章　日韩生物医药产业创新发展政策研究

日本生物医药产业创新发展水平位居国际前列、亚洲领先，韩国是生物医药产业发展新兴国家。本章主要研究分析日本和韩国生物医药产业创新发展现状特点和促进政策，并提出若干启示建议。

6.1　日韩生物医药产业创新发展基础现状

6.1.1　打造了一批生物医药产业园区

日本、韩国生物医药产业发展起步晚于欧美国家，但发展非常迅猛。目前，日本已经成为全球第二大创新药市场、第三大医药市场和第三大医疗器械市场；韩国是亚洲第三大医疗器械市场、全球七个新兴制药市场之一和世界十大药品进口国之一，在全球生物医药行业中占据重要的地位①。早在2002年，日本就提出了生物产业立国战略，强调要把生物产业发展成国家支柱产业②。日本积极推动生物医药产业园区建设，形成了神户地区产业园区、大阪生物技术产业园区、北海道生物技术产业园区等重点产业园区，主要分布在东京、北海道和关西等地区③，生物医药产业呈现集聚发展态势。韩国生物医药产业发展主要集聚在首尔等京畿道地区。

---

①莫富传，胡海鹏，袁永．韩国生物医药产业创新发展政策研究［J］．科技创新发展战略研究，2021（3）：64－70.

②宸铁梅，吕志坚，孙艳艳，等．日本创新务实的生物医药基地和园区构建［J］．科技情报开发与经济，2011（22）：113－114，121.

③赛迪顾问股份有限公司．中国生物医药产业地图白皮书（2011年）［EB/OL］．（2011－04－28）［2021－08－19］．http://www.chinamsr.com/2011/0428/37826.shtml.

6.1.2 拥有众多生物医药知名企业

在制药企业方面，根据2020年全球制药企业前50排行榜，日本有10家企业上榜（表6－1），上榜企业数位居全球第二，上榜企业数和上榜企业销售额分别占20%、49.61%；上榜企业数比排名第一的美国少5家，比排名第三的德国多6家，比同列第四的中国和法国多7家，可见日本制药工业实力非常雄厚。虽然韩国尚未有药企进入2020年全球制药企业50强，但韩国三星生物制药、东亚制药、韩美药品、大熊制药、柳韩洋集团等药企的竞争力也较强，其中三星生物制药2020年销售额首度突破“万亿韩元”大关，达1.16万亿韩元（约合人民币10亿元）。在医疗器械企业方面，日韩共有14家企业进入2019年全球医疗器械企业前100排行榜（表6－2），其中日本上榜企业有11家，上榜数位居全球第二，比位居第三的中国和德国多5家；韩国3家，上榜数位居全球第五。

表6－1 日本入选“2020年全球制药企业前50排行榜”企业

序号	企业	处方药销售额/亿美元	研发投入/亿美元	排名	代表性药物
1	武田制药	297.47	44.32	10	达克普隆、必洛斯、抑那通、艾可拓等
2	安斯泰来	114.44	19.76	19	普乐可复、ATG-Fresenius、哈乐、卫喜康、普特彼、米开民、德纳、佩尔、高舒达等
3	第一三共	79.42	18.17	24	阿斯美、奥美沙坦酯片、复傲坦、可乐必妥、乐松等
4	大冢	67.11	18.82	26	Mikeran、Mepuran、Blockbuster、Plas-Amino、Otsuka CEZ
5	明治控股	63.53	1.49	27	GABA深度睡眠片、还原型辅酶胶囊

续表

序号	企业	处方药销售额/亿美元	研发投入/亿美元	排名	代表性药物
6	卫材药业	47.03	13.80	32	Fycompa、Dayvigo、Halaven 和 Lenvima（仑伐替尼）、Keytruda、修美乐和 Careram、Pariet/AcipHex 等
7	中外制药	39.96	9.37	40	Avastin、Herceptin、Rituxan、Alecensa、Perjeta、Xeloda、Tarceva、Kadcyla、Zelboraf、Neutrogin、Tecentriq 等
8	大日本住友制药	36.23	8.23	41	美平、阿尔马尔、希德、加斯清、洛珊、罗舒达等
9	小野制药	32.66	6.53	44	欧狄沃静脉输液、Kyprolis 静脉注射剂、EMEND 胶囊/PROEMEND 静脉注射剂、DEMSER 胶囊、Braftovi 胶囊以及 Mektovi 和 Velexbru 片剂等
10	田边三菱制药	28.22	7.83	49	安步乐克盐酸沙格雷酯片、达爽（盐酸咪达普利片）、合贝爽（盐酸地尔硫缓释胶囊）、思尔明（尼麦角林片）、Maintate 富马酸比索洛尔片、Liple、类克、Venoglobulin-IH、Medway 等

资料来源：根据《制药经理人》“2020 年全球制药企业前 50 排行榜”整理。

表 6-2 日韩入选“2019 年全球医疗器械企业前 100 排行榜”企业

序号	企业	收入/亿美元	市值/亿美元	国家	排名
1	奥林巴斯医疗	72.73	205.69	日本	15
2	泰尔茂	56.44	270.00	日本	17
3	希森美康	27.26	148.63	日本	30

续表

序号	企业	收入/亿美元	市值/亿美元	国家	排名
4	日本光电	17.20	24.00	日本	39
5	福田电子	12.60	10.44	日本	45
6	日本电子	10.50	15.53	日本	51
7	日本日机装	9.34	9.28	日本	55
8	奥齿泰	4.68	4.83	韩国	72
9	Huons Global	3.69	3.17	韩国	80
10	Nakanishi	3.21	16.09	日本	85
11	佳能	2.51	292.56	日本	91
12	威泰	2.3	4.12	韩国	94
13	理音	1.99	4.21	日本	97
14	Medikit	1.77	5.93	日本	100

资料来源：根据 QMED“2019 年全球医疗器械企业前 100 排行榜”整理。

6.1.3 日韩原创药具有较强的国际竞争力

当前全球中药市场中，日本、韩国所占份额远超我国，日本汉方在包装和质量控制上具有较强的国际竞争力。根据《世界专利数据库》的统计数据，日本注册了 70% 以上的中药专利。另外，日本还大力推动化学药和生物药创新发展，日本创新药物在上市数量和市场份额等方面占全球市场较高比重。据 2019 年全球药物销售额前 100 排行榜，日本共有 6 款药品进入全球销售额前 100，销售总额为 204.53 亿美元（表 6－3），上榜药物数量和销售额分别占比 6% 和 6.01%，上榜药物类型以单抗和小分子为主。

表 6－3　日本入选“2019 年全球药物销售额前 100 排行榜”药物

序号	药物名称	所属企业	适应证	销售额/亿美元	排名
1	纳武利尤单抗	百时美施贵宝/小野	黑色素瘤、非小细胞型肺癌、头颈癌、肾细胞癌等	80.05	6
2	恩杂鲁胺	安斯泰来	前列腺癌	34.66	29

续表

序号	药物名称	所属企业	适应证	销售额/亿美元	排名
3	维多珠单抗	武田	溃疡性肠炎、克罗恩病	30.45	40
4	赖右苯丙胺	武田	注意缺陷与多动障碍、暴饮暴食	23.52	52
5	硼替佐米	武田/强生	多发性骨髓瘤	18.38	77
6	他克莫司	安斯泰来	器官移植排斥、特应性皮炎	17.47	79

资料来源：根据“2019 年全球药物销售额前 100 排行榜”整理。

6.1.4 高校生命科学与医学学科科研实力雄厚

根据 2020 年 QS 世界大学排名榜，日本和韩国共有 12 所高校在生命科学与医学学科进入世界 200 强（表 6－4）。其中，日本共有 8 所高校上榜，包括东京大学、京都大学、大阪大学等；韩国共有首尔国立大学、成均馆大学、延世大学和高丽大学 4 所高校上榜，韩国的生命科学与医学科研实力也较为突出。

表 6－4 日韩入选“2020 年 QS 世界大学生命科学与医学学科前 200 排行榜”高校

序号	大学	国家	综合得分	排名
1	东京大学	日本	83.2	30
2	首尔国立大学	韩国	82.3	32
3	京都大学	日本	79.6	54
4	成均馆大学	韩国	75	100
5	大阪大学	日本	74.5	106
6	延世大学	韩国	73.8	116
7	东北大学	日本	71	153
8	高丽大学	韩国	70.9	154

续表

序号	大学	国家	综合得分	排名
9	名古屋大学	日本	69.2	173
10	九州大学	日本	68.9	178
11	北海道大学	日本	68.6	183
12	庆应义塾大学	日本	68.6	183

资料来源：根据“2020 年 QS 世界大学排名生命科学与医学学科全球前 200 排行榜”整理。

众多实力强劲的高校培养了一批生物医药人才，特别是自设立诺贝尔生理学或医学奖至今，日本共有 5 人获诺贝尔生理学或医学奖（表 6－5），覆盖抗体、细胞重写、细胞自噬、寄生虫治疗与癌症治疗等领域，日本生命科学与医学类高校的科研创新享有一定的国际声誉。

表 6－5　诺贝尔生理学或医学奖日本籍获奖者名单

序号	时间	获奖得主	获奖时所属机构	获奖原因
1	1987 年	利根川进	麻省理工学院	发现抗体多样性产生的遗传学原理
2	2012 年	山中伸弥	京都大学；格莱斯顿研究所	发现成熟细胞可被重写成多功能细胞，发明细胞核重编程技术
3	2015 年	大村智	北里大学	发现治疗丝虫寄生虫新疗法
4	2016 年	大隅良典	东京工业大学	发现细胞自噬的机制
5	2018 年	本庶佑	京都大学	发现负性免疫调节治疗癌症的疗法

注：根据历年诺贝尔生理学或医学奖得奖情况整理。

6.1.5　拥有一批具有较高影响力和医疗水平的最佳医院

根据《新闻周刊》发布的“2020 年世界最佳医院前 100 榜单”，日韩共有 14 家医院进入榜单前 100，其中，日本共有 7 所医院入选，韩国也有 7 所医院入选（表 6－6），表明日韩两国医院在治疗规模、患者体验、临床研究及医学教学等方面具有诸多优势。

表6-6　日韩医院入选“2020年世界最佳医院前100榜单”医院

序号	医院	国家	城市	排名
1	圣路加国际医院	日本	东京	16
2	东京大学医院	日本	东京	18
3	首尔峨山医院	韩国	首尔	37
4	三星医疗中心	韩国	首尔	42
5	京都大学医院	日本	京都	45
6	龟田医疗中心	日本	鸭川	前100
7	高丽大学安南医院	韩国	首尔	前100
8	仓敷市中央医院	日本	仓敷	前100
9	九州大学医院	日本	福冈	前100
10	大阪大学医院	日本	大阪	前100
11	首尔国立大学盆唐医院	韩国	城南	前100
12	首尔国立大学医院	韩国	首尔	前100
13	延世大学医院	韩国	首尔	前100
14	韩国天主教大学-首尔圣玛丽医院	韩国	首尔	前100

资料来源：根据《新闻周刊》“2020年世界最佳医院前100榜单”整理。

6.2　日韩促进生物医药产业创新发展政策经验

6.2.1　注重顶层谋划生物医药产业创新发展

1. 制定战略规划统筹生物医药创新发展

日本高度重视生物医药产业发展，确立生物产业立国战略。2014年，日本出台了《健康与医疗战略推进法》，并组建健康与医疗战略推进本部，统筹健康与医疗领域的顶层设计①。随后，健康与医疗战略推进本部公布了《健康医疗战略》，对健康医疗研发重点及其成果转化、临床试验及安全性评估等内容提出了具体规定②。2019 年 6 月，日本发布《生物战略 2019》，共投入 62 亿日元，支持开展数据合作、生物制造技术等方面的研究。2020 年 6 月，日本发布《生物战略 2020》，推动生物与数字化的融合，建设世界最先进的生物经济社会。韩国 1998 年制定实施《脑研究促进法》，1999 年制定第一次脑研究促进 10 年总体规划，2007 年制定第二次脑研究促进 10 年总体规划，2017 年又制定新一轮脑研究促进 10 年总体规划，从法律法规和战略规划高度不断完善脑研究规划体系，促进脑研究技术研发及成果转化产业化，打造脑科学领域技术创新强国。同时，韩国也注重加强生物材料、保健医疗、基础生物科学等领域的生物技术研究③。

2. 将生物医药产业创新发展纳入国家创新战略

（1）日本公布的《科学技术创新综合战略》系统布局了生物医药创新发展工作。日本在以五年为周期的《科学技术基本计划》基础上，每年制定《科学技术创新综合战略》，明确当年科技创新发展重点。日本将生物医药产业创新发展纳入《科学技术创新综合战略》进行系统布局，其中，《科学技术创新综合战略 2018》提出要构建医疗与护理等面向超智能社会的数据基础，《科学技术创新综合战略 2019》提出强化包括生物技术在内的前沿技术研发，《科学技术创新综合战略 2020》提出加强 AI 技术、生物技术等战略基础技术研发，并制定医疗领域研究开发推进计划，推进医疗领域的研究开发工作。

（2）韩国公布的《第四期科学技术基本计划（2018—2022）》明确了生命健康医疗领域的重点任务。《科学技术基本计划》是韩国根据《科学技术基本法》制定的中长期科技发展规划，每 5 年制定一期。《第四期科学技术基本计划（2018—2022）》（以下简称《第四期科技计划》）提出了韩国未来 5 年重大战略规划和支撑战略规划的具体任务，并将生物医药产业创新发展纳入其中，从机构设置、对未来社会变化趋势的分析和预测，到具体目标、重点技术任务等方面加强对生物医药产业的顶层设计。如在机构设置方面，组建了由来自生

---

①吴松．日本生物科技与产业的发展动向［J］．全球科技经济瞭望，2016（9）：48－59.

②日本计划延长 1 岁“健康寿命”男性平均寿命 70.42 岁［EB/OL］．（2020－07－24）［2021－02－05］．http://scitech.people.com.cn/n/2014/0724/c1007－25332741.html.

③袁世升．韩国生物工程育成基本计划及产业化支援政策［J］．全球科技经济瞭望，2000（2）：16－17.

命医疗、信息、材料、机械和能源环境5个领域的专家组成的技术委员会；在对未来社会变化趋势的预测和分析方面，《第四期科技计划》认为以人造器官、人工智能等技术为代表的高技术在未来将会得到广泛应用，对各重点领域的关心度由高到低排序分别为健康及医学（63.4%）、信息通信（45%）、能源资源（37.6%）、生命科学（35.9%）[①]。在战略目标及重点任务方面，《第四期科技计划》提出了利用科学技术创造幸福美好生活的战略目标，并就重点技术任务进行了部署，其中“生命健康医疗”领域的技术任务如表6－7所示。

同时，为促进《第四期科技计划》顺利实施，韩国政府于2019年2月和3月先后颁布了《投入20万亿韩元研发资金的政府研发中长期投资战略》和《2020年政府研发投资的方向和标准》，提出9个投资方向，其中涉及生物医药产业的相关部署如表6－8所示。

表6－7 《第四期科技计划》生命健康医疗领域技术任务

细分领域	重点技术任务
基因组	基因诊断技术、基因治疗技术
干细胞	干细胞功能调节技术、干细胞技术应用
新型药物	新型药物开发技术、药物智能优化技术
临床、公共医疗	生物标记技术、生殖技术、新型变异传染病应对技术、传统医药机理研究技术
医疗器械	医学影像融合技术、康复治疗及生活辅助器械技术、生物医用材料技术、超精密医用机器人技术
生物复合	基因芯片疾病诊断技术、人造器官技术、数字医疗技术、精密医疗技术、系统生物学和合成生物学技术分析及应用技术
脑科学	脑神经疾病的病理研究、治疗和预防，脑电波观测及控制技术

资料来源：根据《韩国生物医药产业创新发展政策研究》[②]整理。

①李丹．韩国第四次科学技术基本计划浅析及对我国的启示［J］．全球科技经济瞭望，2018（4）：8－17.

②莫富传，胡海鹏，袁永．韩国生物医药产业创新发展政策研究［J］．科技创新发展战略研究，2021（3）：64－70.

表6－8　韩国《2020年政府研发投资的方向和标准》中关于生物医药产业相关部署

投资领域	领域目标	方向	具体内容
未来和新产业领域	强调新药、人工智能、生物、医疗器械等未来和新产业领域核心技术的研发投资将由韩国政府主导，同时引导韩国民间投资，完善制度建设，奠定产业发展的基础	新药	开发患者定制型新药和创新生物医药品等，优化能够提高新药开发效率和效益的平台技术，构建新药开发的合作机制
		生物	构建中长期的全周期研发支持体系，在新一代生物领域将人工器官、生物大数据以及人工智能与韩国新一代产业连接，培育与生物相关的新产业，支持基础研究和原创技术的开发
		医疗器械	以医疗和产业的实际需要为基础，开发创新融合型医疗器械的关键技术和原创技术，并通过对临床实证研究的支持，实现成果产品化
		干细胞	以应用率高的技术为中心进行基础和原创研究支持，促进干细胞与其他领域的融复合研究
民众生活领域	韩国政府提出以政府为主导改善国民生活质量，并扩大与国民生活密切相关的投资	医疗保健	为了解决保健医疗领域的公共需求，韩国政府强调以技术创新和合作研究为中心进行支持，强化基础、临床、产业等合作研究；加强基础和临床的研究投资，构建大学和医院间合作研究的基础；为了应对传染病、老龄化、慢性疾病等，开发基础和医疗技术，提供临床服务，如智能医院、医院信息化、智能临床实验中心等；为了促进保健医疗技术的创新，加强生物医疗合作研究，将临床、产业、医疗与ICT相连接；开发护工机器人，将合作研究制度化等

资料来源：根据《2019—2020年韩国政府研发投资方向及战略》[①]整理。

①宋微，史琳，杨婧．2019—2020年韩国政府研发投资方向及战略［J］．全球科技经济瞭望，2019（10）：14－19.

3. 健全生物安全和生物技术政策法规体系

日本政府非常注重生物安全和生物技术领域的政策法规建设，不断完善相关法律法规体系和管理政策，相继制定实施《传染病法》《国立传染病研究所病原体等安全管理条例》《生物制剂等制造厂的生物安全相关问题指南》《病毒研究中的生物安全指南》《转基因生物工业化指南》《关于在人受精胚胎中使用遗传信息改变技术等研究的伦理指南》①。在传染病防控方面，日本2012年制定了《新型流感等对策特别措施法》；2020年通过《新型流感等对策特别措施法》修正案，增加了新冠肺炎相关内容，规定日本首相可根据疫情随时宣布进入紧急状态，各都道府县知事可要求民众避免外出、学校停课、限制使用娱乐设施等②。

6.2.2 推进生物医药领域研究机构建设及强化人才培养

1. 建立完善国有新型研究开发法人制度

日本国有科研机构经历了独立行政法人化、国立研究开发法人化、特定国立研究开发法人的改革过程。2013年6月，日本内阁提出建设全球最先进的新型研究开发法人制度，之后陆续通过《关于独立行政法人改革等的基本方针》《独立行政法人通则法》修正法案等政策措施③，实行中长期目标管理制、法人代表（理事长）负责制，通过以政府稳定投入为主并鼓励市场拓展、实行目标导向的绩效评价等多种举措提高机构的自主权。同时积极推动“特定国立研究开发法人”制度的建立、完善和实施，出台《关于促进特定国立研究开发法人研究开发等的特别措施法》，将特定领域的卓越研究机构逐步改为特定国立研究开发法人。与传统的国有科研机构相比，改革后的国立研究开发法人在行政管理、重大决策等方面有较大的自主权，成为独立行政法人④。日本共有30多家国有新型研究开发法人机构，其中有10家为生物医药领域的国

①陈方，张志强．日本生物安全战略规划与法律法规体系简析［J］．世界科技研究与发展，2020（3）：276－287．

②尹晓燕，鞠永涛，贾颖杰．日本生物安全法律法规及管理现状简析［J］．口岸卫生控制，2021（1）：54－57．

③肖尤丹，刘海波，肖冰．国立科研机构立法在中国为何难解？——专门立法必要性再研究［J］．科学学与科学技术管理，2018（4）：35－46．

④韩凤芹，李三秀．日本国有科研机构改革的启示［N］．中国财经报，2019－02－14（7）．

有新型研究开发法人机构，包括国立癌症研究中心、国立放射线医学综合研究所、国立循环器官疾病研究中心、国立长寿医疗研究中心等。韩国也设立了众多生物医药领域的研发机构，包括韩国韩医学研究所、韩国生命工学研究院等。

2. 注重培育生物医药创新人才

日本的生物医药人才培养实行6年制和4年制相结合的教育体系，采取学术型人才与药师型人才培养并重的学制体系，注重专业知识、职业素质与实践能力的教育，通过药房、医院和药学院校之间的合作培养学生的终身学习理念和临床实践技能①。韩国《药事法》规定，药店经营者和药品零售从业者须获得药师执业资格证书。随着药学人才需求量大幅度增加，高校纷纷开设药学专业，韩国大学药学人才培养计划于2009年由原先4年制改为开放型的“2+4”年制教育，加强临床药学的理论教育和实务教育，培养优秀的创新型药学人才②。

6.2.3 重视规划引导汉方药和韩医创新发展

1. 出台系列政策加强汉方药和韩医的管理规划

早在1976年，日本就将医疗用汉方制剂纳入医疗保险中，1990年颁布《日本标准商品分类·医药品药效分类编号》，规定汉方药的药政管理原则与化学药一致。2017年3月，厚生劳动省发布《一般用汉方制剂制造销售承认基准》，作为一般用汉方制剂制造销售的申请与批准标准。此外，日本的药品审评审批机构认可汉方药的安全性和疗效，不要求制药企业提交药效学研究和临床试验等资料。韩国出台《国民医疗法》，建立韩医和西医具有同等地位的二元化医疗制度，确立韩医在医疗体系中的地位；颁布《韩国草药药典》，把韩医纳入医疗保险范围，并建立草药和相关产品的市场规则和品质鉴定方法③；制定并修订《韩国韩医药发展法案》，实施周期为5年的《韩医药发展

①徐晓媛，张洁菡，徐思远．中日药师型人才培养体系比较研究［J］．中国医药导报，2015（3）：142－146.

②莫富传，胡海鹏，袁永．韩国生物医药产业创新发展政策研究［J］．科技创新发展战略研究，2021（3）：64－70.

③田野．中医产业的海外足迹［J］．知识经济，2019（11）：36－40.

综合计划》，明确韩医发展的目标、步骤和具体举措，实施《韩药材制造及品质管理标准》，进一步提高韩药质量①。

2. 注重汉方药和韩医人才教育培养

早在1972年，日本的药科大学、综合大学的医学部等就设置了传统医学教育相关课程；2001年3月文部科学省发布的《教育核心课程设置》将汉方医学教育列为核心课程。日本共有80多所医科大学和综合大学的医学部开设汉方医学教学课程，20余所大学设有汉方医学和生药研究部门。政府还投资建立了汉药研究所、富山医科药科大学和北里研究所附属东洋医学研究所等一系列汉方医药研究机构②。韩国实行韩医精英教育，庆熙大学、圆光大学、东信韩医大学等大学开设韩医科专业③。韩医教育毕业生通过全国统考的韩医师资格考试后，还需进行为期2～3年的临床实习才能正式成为韩医师。韩国还成立了韩医学教育评价院，负责韩医学教育的开发、研究和评价，保障韩医院校师资和教学的质量④。

3. 支持汉方药并加强基础研究和质量控制

日本从20世纪70年代中期开始将东洋医学基础研究列入国家统一规划，如1975年投入500万日元组建了为期3年的有关东洋医学基础、临床综合研究的研究班；1979年投入10亿日元实施了为期5年的汉方医学基础临床综合研究的长远规划。另外，日本建立了科学、规范、国际化的汉方药研发和产品质量监管体系，如日本出台《一般用汉方制剂承认基准》，作为日本汉方企业生产成品剂型、制定制备工艺和质量的基础和依据；颁布《药用植物种植和采集的生产质量管理规范》和《生药及汉方生药制剂制造与品质管理相关基准》，对处方中药材的鉴别方法、药材成分的含量等内容进行了详细规定，确保原料药质量。

4. 注重汉方药知识产权保护

日本政府为了促进汉方药产业的发展，高度重视汉方药知识产权的保护，

---

①④莫富传，胡海鹏，袁永．韩国生物医药产业创新发展政策研究［J］．科技创新发展战略研究，2021（3）：64－70.

②王诗恒，刘剑锋，秦培洁，等．日本汉方药产业管理现状概况［J］．世界中医药，2021（2）：351－354.

③玄明实，周桂桐．韩国韩医学教育发展概况［J］．国际中医中药杂志，2016（4）：300－302.

出台了专利网战略、仿制战略和专利先行战略等举措。目前，日本的汉方药申请了《伤寒杂病论》《金匮要略方》中的210个古方专利。日本还加强中医药研究动态的梳理和吸收，建有20多家汉方医学书籍出版和翻译机构，特别注重收集我国中医药出版物，藏书量仅次于我国。

6.2.4 加强临床研究与新药上市的监管

1. 完善临床研究与新药上市法规制度

（1）制定实施药物非临床研究质量管理规范。日本药物非临床研究管理规范主要体现在加强药物非临床研究实验室管理和新药临床前试验监管上。在药物非临床研究实验室管理方面，日本相继制定实施药物非临床研究质量管理规范，加强对药物非临床研究实验室及其药物非临床研究进行规范管理，特别是对受试物的接受、保管、领取和配制等各个过程均要求登记管理[①]。韩国药物非临床研究管理规范涵盖了对医药品、医药外品及化妆品的管理，强调供试品及对照物质的稳定性和标本使用、提取及保管方法的重要性，要求委托者尽可能地提供更多关于供试品及对照物稳定性的数据[②]。

（2）颁布《药事法》加强临床研究的监管。目前，日本主要有《药事法》《临床研究法》《药物临床试验管理规范》等法律及相应实施细则对临床研究进行监管。其中《药事法》负责监控日本药物的临床研究、生产、销售、标签和药品安全。《临床研究法》明确了实施临床研究的程序，规范了经认证的临床研究审查委员会的审查过程[③]。《药物临床试验管理规范》对临床试验合同、医疗机构、审查委员会、申请人、受试者人权保护、试验方案、试验药物管理等的保存与审查等进行了详细的定义和规范。韩国主要依据《药事法》《药事法施行规则》《临床研究申请批准准则》及相应实施细则对临床研究进行较为明确的规定[④]。

---

①李波．日本GLP实验室概况［J］．中国药事，2003（10）：55－57.

②李正奇，徐洪德，韩忠泽．中国与韩国药物非临床研究质量管理规范的比较［J］．郑州大学学报（医学版），2011（5）：719－722.

③张邦禹，李玉平，张玲，等．日本《临床研究法》对我国的启示［J］．中国新药与临床杂志，2021（3）：195－200.

④莫富传，胡海鹏，袁永．韩国生物医药产业创新发展政策研究［J］．科技创新发展战略研究，2021（3）：64－70.

2. 建立健全药品审评审批组织机构体系

日本建立了完善的药品审评审批组织机构体系，药品监管机构分中央级、都道府县级和市町村级3个层次。其中，厚生劳动省是日本药品监管的最高权力机构，主要负责相关法律法规的制定和发布；医药品医疗器械局则负责创新药物审评审批相关的咨询与管理工作；药事与食品卫生审议会负责审查和讨论药品、食品等领域重大问题，以及检验与评价重要药学问题①。韩国的食品、药品、化妆品和医疗器械的管理均由韩国卫生福利部负责，其下属的食品药品管理局专门负责对药品研发及药品临床研究的监管。药品和医疗器械分别由食品药品管理局下属的药品安全局和医疗器械安全局进行监督管理②。

3. 支持医药研发和临床试验服务机构发展

日本CRO产业起步于20世纪90年代初，日本颁布实施药物临床试验质量管理规范，以及厚生劳动省提高临床实施规范和数据质量要求，推动了CRO产业的发展。韩国政府将临床研究服务体系视为社会基础设施的重要组成部分，加强区域性临床试验中心建设，协调开展临床试验并确保区域内医院、学术机构所进行的临床试验符合国际标准；投资建立国家临床试验机构，设立专项基金资助创新研发，发起临床试验全球计划，资助医院成立全球卓越中心并形成区域联合体③。此外，韩国还批准建立了大学附属医院、公立和私立医院以及专科诊所等临床试验中心，完善临床研究服务体系④。

6.2.5 大力支持生物医药企业开展研发创新

1. 产学研合作促进生物医药科研成果转化

为促进生物医药科研成果转化，日韩政府出台了一系列法律和政策，推动

---

①陈永法，王毓丰，伍琳．日本创新药物审批管理政策及药品实施效果研究［J］．中国医药工业杂志，2018（6）：839－846.

②④莫富传，胡海鹏，袁永．韩国生物医药产业创新发展政策研究［J］．科技创新发展战略研究，2021（3）：64－70.

③中国外商投资企业协会药品研制和开发行业委员会，中国药学会药物临床评价研究专业委员会，北京大学亚太经合组织监管科学卓越中心，等．中国临床研究体系设计与实施的顶层设计思考［J］．中国新药杂志，2018（11）：1209－1216.

生物医药中小企业与高校的产学研合作，形成体系化的生物医药科技成果转化机制。日本政府制定《大学技术转让促进法》，对被承认的大学转移机构给予资助金和债务担保，推动大学与企业间的合作研发和科技成果向企业转让[①]。韩国政府相继出台《产业教育促进与合作法》《科技成果转化促进法案》，设立韩国产学研合作基金会，促进高校科技成果转化[②]。

2. 拓宽生物医药企业发展的投融资渠道

实施财政税收优惠政策，日本规定制药企业技术开发基金比上年增加的部分按增加额的70%减征所得税，大规模传统制药企业和新兴小规模医药创新企业都能获得税收优惠[③]。在资本市场融资方面，日本拥有以东京、大阪、名古屋等交易所为代表的主板市场，以及中小板、创业板市场，传统大型生物医药企业可以通过主板市场交易上市，新兴的中小型生物医药科技公司则可以凭借其独特的先进技术和良好的成长性在其他板块获得股市融资[④]。在基金扶持方面，韩国成立5000亿韩元规模的全球制药产业培育基金，支持国内制药公司进入海外市场。

6.3 若干启示建议

6.3.1 从战略高度重视生物医药创新发展

日韩从国家战略高度重视生物医药产业发展，日本政府提出生物产业立国战略，出台了《健康与医疗战略推进法》《生物战略》等，韩国政府也将医药健康发展纳入科学技术基本计划[⑤]。我国要从战略上重视生物医药创新发展，

---

①刘璐，颜建周，邵蓉．日本生物医药产业政策扶持下中小企业发展的实例研究［J］．中国医药工业杂志，2017（11）：1654－1659.

②杨哲，张慧妍，徐慧．韩国高校科技成果转化研究：以“产学研合作基金会”为例［J］．中国高校科技，2012（11）：11－14，19.

③④任昉，邵蓉．日本创新药物激励政策及实施效果研究［J］．经济研究导刊，2017（4）：174－177.

⑤中国经济网．促进我国生物医药产业加快发展［EB/OL］．（2011－03－04）［2021－08－19］https://www.163.com/news/article/6UB4O5V200014JB5.html.

把发展生物医药产业提升到和发展电子信息产业同等重要的位置。加强生物医药产业创新发展前瞻谋划，系统部署生物医药产业中长期发展战略，制定出台系列促进生物医药产业创新发展的政策措施，适时修改和废止有碍生物医药产业创新发展的行政法规和规范性文件，为生物医药产业创新发展提供政策保障。

6.3.2 加强生物医药基础与应用基础研究

日韩两国采取多项措施加强生物医药基础研究。我国要加强生物医药基础与应用基础研究投入，创新生物医药研究合作机制，进一步加强省域间的生物医药学术交流和科研联合攻关机制，集聚各省市生物医药研发资源，优势互补合力推动生物医药研发创新。支持校企、院企深度合作，推动医药企业与高校、科研院所开展研发合作，引导高校、科研机构和企业共同开展生物医药重大理论、原创技术、前沿交叉技术等领域的基础研究和研发创新。

6.3.3 加强生物医药重大创新平台载体建设

加强生物医药领域重大创新平台载体建设的顶层设计，突出各类研发平台的差异化发展，尽量避免重复建设；加强国家实验室、国家临床医学研究中心、生物安全实验室等重大科技创新基地布局建设，为突破世界前沿重大科学问题、取得重大原创突破提供有力支撑。完善实验室等重大创新平台管理体制，提高机构在行政管理、重大决策等方面的自主权。建立层次分明、定位清晰的临床研究网络，支持国家临床医学研究中心建设发展，鼓励各省市根据实际情况建设省级临床医学研究中心，构建全国统一的临床医学研究中心网络。支持社会资本投资建立商业化临床研究中心，开展药动学和药效学实验等临床药理学研究。

6.3.4 高度重视中医药的保护传承与创新发展

日本汉方药制剂占据世界中药市场的主要份额，韩医药发展也十分迅猛。近年来，我国高度重视中医药发展，先后出台《中华人民共和国中医药法》《中共中央 国务院关于促进中医药传承创新发展的意见》《关于加快中医药特色发展的若干政策措施》等法律法规，把发展中医药上升为国家战略，为中医药发展提供了政策法规保障。接下来，我国要全面落实中医药发展相关政策，加强中医药重大科技基础设施建设，深化中医基础理论、辨证论治方法研究，注重中医古籍古方、民间献方、单方验方的收集、整理和研究，建立概念明确、结构合理的中医药理论框架体系。加快打造中医国家医学中心、中医国家临床医学研究中心、中医药传承创新中心、国家重点实验室、国家科技创新基地等中医药科研平台建设，提高中医药科研水平。深化与国际标准化组织等的交流合作，积极参与中医药国际标准的研究制定，建立与国际标准接轨的中医药标准，推动中医药的国际传播和应用。加大对中医药的医保扶持力度，按规定将符合条件的中药饮片、医疗机构中药制剂、中医诊疗项目纳入医保支付范围。

第7章　我国生物医药产业创新发展政策分析

近年来，我国把生物医药产业作为重点发展的战略性新兴产业，研发创新实力不断增强，产业竞争力不断提升，我国生物医药产业发展已经从全球“第三梯队”进入到“第二梯队”。据统计，截至2020年2月，我国在研创新产品数量与全球首发上市新药数量对全球的贡献率分别为13.9%和6%，而在2015年，贡献率仅为4.1%和2.5%。但与此同时，我国与“第一梯队”相比还有明显差距，2020年美国创新在研产品数量对全球的贡献率为49.3%，美国、日本全球首发上市新药数量对全球的贡献率分别为67.6%和13.3%①。本章主要阐述我国生物医药产业创新现状特点，深入梳理分析我国促进生物医药产业创新发展的政策措施。

7.1　我国生物医药产业创新发展基础现状

7.1.1　我国生物医药产业规模稳步增长、创新投入与产出不断增加

近年来，我国生物医药产业规模不断提升。截至2019年年底，全国拥有医药制造企业7392家，医药制造业产值达23 884亿元，相比2000年的全国医药制造企业3533家，医药制造业产值1683亿元，分别增长了1.09倍和13倍（图7－1）。在细分领域中，化学药品制造规模最大，2019年营业收入达12 303亿元，占医药制造业总额的51.51%；生物药品制品制造领域增速最快，营业收入增长约21倍，企业数量增长超过2倍；中成药生产获得较快发展，2019年营业收入达4591亿元，占医药制造业总额的19.22%（表7－1）。

---

①《构建中国医药创新生态系统——系列报告第一篇：2015—2020年发展回顾及未来展望》正式发布［EB/OL］.（2021－03－02）［2021－08－19］. http://finance.china.com.cn/qy/qyjj/20210302/5508438.shtml.

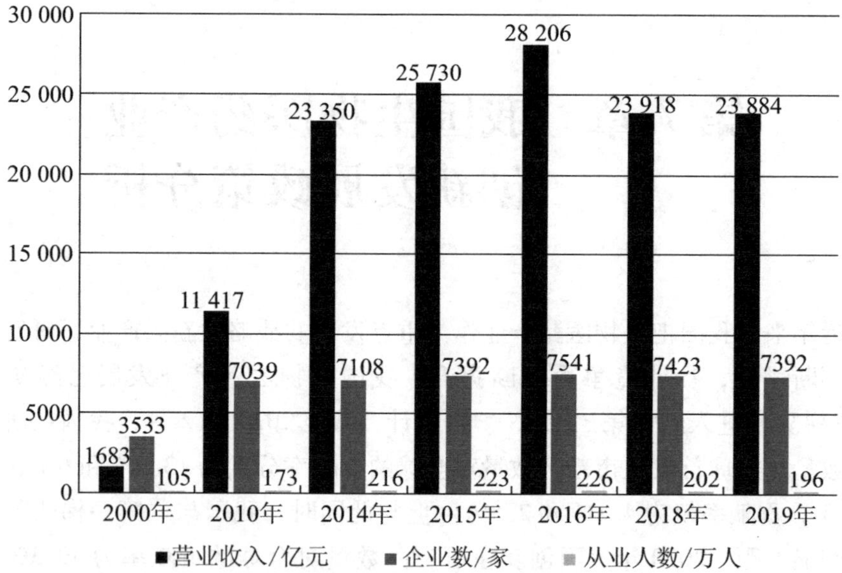

图 7－1　2000—2019 年我国医药制造业产业营业收入、企业数和从业人数

数据来源：《中国高技术产业统计年鉴》。

表 7－1　2000—2019 年我国医药制造业产业各分领域规模数

规模指标		2000	2010	2014	2015	2016	2018	2019
营业收入/亿元	医药制造业总数	1683	11 417	23 350	25 730	28 206	23 918	23 884
	化学药品制造	1001	5914	10 518	11 417	12 641	12 372	12 303
	中成药生产	—	2520	5746	6277	6748	4490	4591
	生物药品制品制造	112	1129	2801	3161	3286	2369	2465
企业数/家	医药制造业总数	3533	7039	7108	7392	7541	7423	7392
	化学药品制造	1619	2525	2371	2416	2421	2334	2392
	中成药生产	—	1550	1592	1622	1640	1587	1542
	生物药品制品制造	271	862	934	975	959	862	847
从业人数/万人	医药制造业总数	105	173	216	223	226	202	196
	化学药品制造	61	83	93	95	95	89	86
	中成药生产	—	45	62	63	63	50	48
	生物药品制品制造	5	14	21	23	23	20	21

数据来源：《中国高技术产业统计年鉴》。

我国医药制造业研发创新投入与产出方面也呈现不同程度的增长态势。其中，在创新投入方面，2019 年，医药制造业研发经费内部支出、研发经费外部支出、新产品开发项目数、新产品开发经费支出分别达 609.56 亿元、110.62 亿元、36 098 项、732.52 亿元，较 2016 年分别实现年均 8.26%、28.07%、14.19%、15.71%的持续增长。在创新产出方面，2019 年，医药制造业有 R&D 活动的企业数、新产品销售收入、发明专利申请数分别达 4197 家、6673.46 亿元、11 883 件，较 2016 年分别实现年均 5.45%、7.69%、97.35%的持续增长（表 7－2）。由此可知，我国医药制造业科技创新能力及核心竞争力总体不断增强。

表 7－2　2016—2019 年我国医药制造业创新投入与产出

指标		2016	2018	2019
创新投入指标	R&D 人员/人	187 541	185 762	176 589
	R&D 经费内部支出/亿元	488.47	580.88	609.56
	R&D 经费外部支出/亿元	60.05	97.99	110.62
	新产品开发项目数/项	25 320	31 679	36 098
	新产品开发经费支出/亿元	497.88	652.06	732.52
创新产出指标	有 R&D 活动的企业数/家	3607	3880	4197
	新产品销售收入/亿元	5422.75	6367.04	6673.46
	发明专利申请数/件	3031	11 494	11 883

数据来源：《中国高技术产业统计年鉴》。

7.1.2　以京津冀、长三角、珠三角、成渝等地为主的生物医药产业区域分布格局逐步显现

我国生物医药产业区域集聚发展不断凸显，全国生物医药产业格局呈现向园区集聚、向经济发达地区集聚、向专业智力密集区集聚的产业特点，初步形成以京津冀、长三角、珠三角、成渝等地的区域分布格局。根据中国生物技术发展中心发布的《2020 年中国生物医药产业园区竞争力评价及分析报告》，2020 年，中关村国家自主创新示范区、苏州工业园区、成都高新技术产业开发区位列我国生物医药产业综合竞争力榜单前 3 位。从单项竞争力看，龙头竞争力排前 3 位的分别为中关村国家自主创新示范区、深圳高新技术产业开发区、苏州工业园区；人才竞争力排前 3 位的分别为苏州工业园区、中关村国家

自主创新示范区、武汉东湖新技术开发区；环境竞争力排前3位的分别为中关村国家自主创新示范区、张江高科技园区、深圳高新技术产业开发区；技术竞争力排前3位的分别为中关村国家自主创新示范区、苏州工业园区、成都高新技术产业开发区；产业竞争力排前3位的分别为苏州工业园区、中关村国家自主创新示范区、成都高新技术产业开发区[①]（表7－3）。

表7－3　2020年中国生物医药产业园区竞争力前10榜单

排行	产业竞争力榜单前10	技术竞争力榜单前10	人才竞争力榜单前10	龙头竞争力榜单前10	环境竞争力榜单前10
1	苏州工业园区	中关村国家自主创新示范区	苏州工业园区	中关村国家自主创新示范区	中关村国家自主创新示范区
2	中关村国家自主创新示范区	苏州工业园区	中关村国家自主创新示范区	深圳高新技术产业开发区	张江高科技园区
3	成都高新技术产业开发区	成都高新技术产业开发区	武汉东湖新技术开发区	苏州工业园区	深圳高新技术产业开发区
4	济南高新技术产业开发区	张江高科技园区	济南高新技术产业开发区	成都高新技术产业开发区	广州高新技术产业开发区
5	石家庄高新技术产业开发区	昆山高新技术产业开发区	成都高新技术产业开发区	张江高科技园区	南京经济技术开发区
6	广州高新技术产业开发区	武汉东湖新技术开发区	无锡（惠山）生命科技产业园	济南高新技术产业开发区	苏州工业园区
7	天津滨海高新技术产业开发区	天津滨海高新技术产业开发区	石家庄高新技术产业开发区	泰州医药高新技术产业开发区	南京生物医药谷
8	长沙高新技术产业开发区	济南高新技术产业开发区	泰州医药高新技术产业开发区	厦门生物医药港	武汉东湖新技术开发区

①沈卫奇．苏州工业园区：打造世界级生物医药产业地标核心区［J］．中国发展观察，2021（5）：56－58.

续表

排行	产业竞争力榜单前10	技术竞争力榜单前10	人才竞争力榜单前10	龙头竞争力榜单前10	环境竞争力榜单前10
9	深圳高新技术产业开发区	深圳高新技术产业开发区	张江高科技园区	海口高新技术产业开发区	成都经济技术开发区
10	武汉东湖新技术开发区	石家庄高新技术产业开发区	广州高新技术产业开发区	连云港高新技术产业开发区	成都高新技术产业开发区

资料来源：根据《2020年中国生物医药产业园区竞争力评价及分析报告》整理。

7.1.3 各省市纷纷出台政策支持生物医药产业创新发展

生物医药产业是国家重点发展的战略性新兴产业，党的十九届五中全会首次对科技创新提出了“面向人民生命健康”的新要求。全国各省市自治区高度重视生物医药产业创新发展，纷纷制定出台促进生物医药创新发展的政策措施。其中，在省级层面，北京、上海、广东、重庆、浙江、江苏等生物医药产业强省及直辖市近年均制定了实施意见或政策措施，全方面支持生物医药产业创新发展。在市级层面，深圳在2020年疫情期间出台了指导意见、实施方案、若干措施等系统政策，深圳市人民代表大会常务委员会还专门出台了加快生物医药高质量发展的决定，加强生物医药产业创新发展法治保障。广州、杭州、苏州、青岛、宁波等市也纷纷出台了生物医药产业相关促进政策（表7-4）。

表7-4 国内主要省市制定出台生物医药产业创新发展政策

序号	省市	文号/时间	政策文件
1	广东	粤科社字〔2020〕86号	《关于促进生物医药创新发展的若干政策措施》
2		粤科社字〔2020〕218号	《广东省发展生物医药与健康战略性支柱产业集群行动计划（2021—2025年）》
3	上海	沪府办规〔2021〕5号	《上海市人民政府办公厅关于促进本市生物医药产业高质量发展的若干意见》
4	北京	京政办发〔2021〕12号	《北京市加快医药健康协同创新行动计划（2021—2023年）》

续表

序号	省市	文号/时间	政策文件
5	重庆	渝府办发〔2019〕56 号	《重庆市加快生物医药产业发展若干政策》
6	浙江	浙政办发〔2019〕65 号	《关于加快生命健康科技创新发展的实施意见》
7	江苏	苏政发〔2018〕144 号	《关于推动生物医药产业高质量发展的意见》
8		苏自贸办函〔2021〕21 号	《省有关部门协力支持中国（江苏）自由贸易试验区生物医药产业开放创新发展政策措施》
9	深圳	2020 年 4 月	《深圳市人民代表大会常务委员会关于加快生物医药产业高质量发展的决定》
10		2020 年 3 月	《深圳市促进生物医药产业集聚发展的指导意见》
11		2020 年 3 月	《深圳市生物医药产业集聚发展实施方案（2020—2025 年）》
12		2020 年 3 月	《深圳市促进生物医药产业集群发展的若干措施》
13	广州	穗府规〔2020〕1 号	《加快生物医药产业发展若干规定（修订）》
14	杭州	杭政办函〔2021〕39 号	《杭州市人民政府办公厅关于加快生物医药产业高质量发展的若干意见》
15	苏州	苏委办发〔2021〕14 号	《苏州市生物医药及健康产业强链补链三年行动计划（2021—2023）》
16	济南	济政字〔2019〕81 号	《济南市促进生物医药和大健康产业发展若干政策》
17	青岛	青政办发〔2020〕6 号	《关于支持生物医药产业高质量发展若干政策措施》
18	成都	成办函〔2019〕73 号	《促进成都生物医药产业高质量发展若干政策》
19	宁波	甬政办发〔2020〕50 号	《宁波市人民政府办公厅关于加快推进生物医药产业发展的意见》
20	温州	温政办〔2021〕45 号	《温州市促进生物医药产业创新发展若干政策措施》

7.1.4 建设了一批高水平生物医药创新平台

依托国家实验室、重大科技基础设施、国家重点实验室、国家工程技术研究中心、国家临床医学研究中心等国家重大创新基地建设，我国在生物医药领域建设了一批高水平创新平台。其中，国家实验室以国家现代化建设和社会发展的重大需求为导向，开展基础研究、竞争前沿高技术研究和社会公益研究①。目前首批挂牌建设的5家实验室中，有张江国家实验室、广州实验室2家属于生物医药领域的国家实验室，分别聚焦脑科学领域、呼吸健康领域开展基础研究。重大科技基础设施是为探索未知世界、发现自然规律、实现技术变革提供极限研究手段的大型复杂科学研究系统②，生命科学领域是《国家重大科技基础设施建设中长期规划（2012—2030年）》的七大科学领域之一，重点支持蛋白质科学研究设施、系统生物学研究设施、合成生物学研究设施、大型成像和精密高效分析研究设施、生物信息中心等建设。在国家重点实验室建设方面，据不完全统计，截至2021年3月，共建设了78家生物医药领域国家实验室（表7－5），其中，生物领域40家、医学领域38家，覆盖了疾病研究、细胞和分子水平的机制研究和药学研究等领域。在国家工程技术研究中心建设方面，全国360家国家工程技术研究中心中，生物医药相关的有96家，约占26.7%；全国127家国家工程研究中心中，生物医药相关的有25家，占比接近20%③。在国家临床医学研究中心建设方面，科技部会同有关部委共同试点建设4批50家国家临床医学研究中心，共涉及20个领域，从分布区域看，50家国家临床医学研究中心分布于12个省（直辖市），大多数分布在北京、上海等医学科技发展较快、较好的地区，北京、上海分别布局建设了24家、6家，占比分别达48%、12%。国家临床医学研究中心主要领域、依托单位和区域分布见表7－6、图7－2。

---

①袁志彬．新时代科技创新的六大新趋势［J］．中国大学生就业，2021（11）：4－7.

②陈元志，葛忆翔．基于引领性创新的科技自立自强［J］．科学学研究，2021（5）：770－773.

③敖翼，濮润，展勇，等．我国新药创制的发展现状及问题浅析［J］．中国新药杂志，2020（1）：33－41.

表7-5 生物医药领域78家国家重点实验室

序号	国家重点实验室	依托单位	主管部门
生物领域国家重点实验室			
1	亚热带农业生物资源保护与利用国家重点实验室	华南农业大学、广西大学	广东省科技厅、广西壮族自治区科学技术厅
2	作物生物学国家重点实验室	山东农业大学	山东省科技厅
3	作物遗传与种质创新国家重点实验室	南京农业大学	教育部
4	作物遗传改良国家重点实验室	华中农业大学	教育部
5	兽医生物技术国家重点实验室	中国农业科学院、哈尔滨兽医研究所	农业农村部
6	农业微生物学国家重点实验室	华中农业大学	教育部
7	农业生物技术国家重点实验室	中国农业大学	教育部
8	农业虫害鼠害综合治理研究国家重点实验室	中国科学院动物研究所	中国科学院
9	分子发育生物学国家重点实验室	中国科学院遗传与发育生物学研究所	中国科学院
10	分子生物学国家重点实验室	中国科学院上海生命科学研究院	中国科学院
11	动物营养学国家重点实验室	中国农业科学院畜牧研究所、中国农业大学	农业农村部
12	家畜疫病病原生物学国家重点实验室	中国农业科学院兰州兽医研究所	农业农村部
13	家蚕基因组生物学国家重点实验室	西南大学	教育部
14	微生物代谢国家重点实验室	上海交通大学	教育部
15	微生物技术国家重点实验室	山东大学	教育部
16	微生物资源前期开发国家重点实验室	中国科学院微生物研究所	中国科学院

续表

序号	国家重点实验室	依托单位	主管部门
17	旱区作物逆境生物学国家重点实验室	西北农林科技大学	教育部
18	有害生物控制与资源利用国家重点实验室	中山大学	教育部
19	杂交水稻国家重点实验室	湖南杂交水稻研究中心、武汉大学	湖南省科技厅、教育部
20	林木遗传育种国家重点实验室	中国林业科学研究院、东北林业大学	国家林业和草原局、教育部
21	棉花生物学国家重点实验室	中国农业科学院棉花研究所、河南大学	农业农村部、河南省科技厅
22	植物分子遗传国家重点实验室	中国科学院上海生命科学研究院	中国科学院
23	植物基因组学国家重点实验室	中国科学院遗传与发育生物学研究所、中国科学院微生物研究所	中国科学院
24	植物生理学与生物化学国家重点实验室	中国农业大学、浙江大学	教育部
25	植物病虫害生物学国家重点实验室	中国农业科学院植物保护研究所	农业农村部
26	植物细胞与染色体工程国家重点实验室	中国科学院遗传与发育生物学研究所	中国科学院
27	水稻生物学国家重点实验室	中国水稻研究所浙江大学	农业农村部
28	淡水生态与生物技术国家重点实验室	中国科学院水生生物研究所	中国科学院
29	生物反应器工程国家重点实验室	华东理工大学	教育部
30	生物大分子国家重点实验室	中国科学院生物物理研究所	中国科学院
31	病毒学国家重点实验室	武汉大学、中国科学院武汉病毒研究所	教育部

续表

序号	国家重点实验室	依托单位	主管部门
32	真菌学国家重点实验室	中国科学院微生物研究所	中国科学院
33	神经科学国家重点实验室	中国科学院上海生命科学研究院	中国科学院
34	系统与进化植物学国家重点实验室	中国科学院植物研究所	中国科学院
35	膜生物学国家重点实验室	中国科学院动物研究所、清华大学、北京大学	中国科学院
36	草地农业生态系统国家重点实验室	兰州大学	教育部
37	蛋白质与植物基因研究国家重点实验室	北京大学	教育部
38	遗传工程国家重点实验室	复旦大学	教育部
39	遗传资源与进化国家重点实验室	中国科学院昆明动物研究所	中国科学院
40	食品科学与技术国家重点实验室	江南大学、南昌大学	教育部
医学领域国家重点实验室			
41	癌基因与相关基因国家重点实验室	上海市肿瘤研究所	国家卫生健康委员会
42	病原微生物生物安全国家重点实验室	中国人民解放军军事医学科学院	中央军委后勤保障部
43	传染病预防控制国家重点实验室	中国疾病预防控制中心	国家卫生健康委员会
44	传染病诊治国家重点实验室	浙江大学	教育部
45	创伤、烧伤与复合伤研究国家重点实验室	中国人民解放军第三军医大学	中央军委训练管理部
46	蛋白质组学国家重点实验室	中国人民解放军军事医学科学院	中央军委后勤保障部

续表

序号	国家重点实验室	依托单位	主管部门
47	分子肿瘤学国家重点实验室	中国医学科学院肿瘤医院肿瘤研究所	国家卫生健康委员会
48	呼吸疾病国家重点实验室	广州医科大学	广东省科技厅
49	华南肿瘤学国家重点实验室	中山大学	教育部
50	干细胞与生殖生物学国家重点实验室	中国科学院动物研究所	国家卫生健康委员会
51	口腔疾病研究国家重点实验室	四川大学	教育部
52	脑与认知科学国家重点实验室	中国科学院生物物理研究所	中国科学院
53	认知神经科学与学习国家重点实验室	北京师范大学	教育部
54	肾脏疾病国家重点实验室	中国人民解放军总医院	中央军委后勤保障部
55	生化工程国家重点实验室	中国科学院过程工程研究所	中国科学院
56	生物治疗国家重点实验室	四川大学	教育部
57	生殖医学国家重点实验室	南京医科大学	江苏省科技厅
58	实验血液学国家重点实验室	中国医学科学院血液病医院血液学研究所	国家卫生健康委员会
59	天然药物活性物质与功能国家重点实验室	中国医学科学院药物研究所	国家卫生健康委员会
60	天然药物活性组分与药效国家重点实验室	中国药科大学	教育部
61	天然药物与仿生药物国家重点实验室	北京大学	教育部
62	细胞生物学国家重点实验室	中国科学院上海生命科学研究院	中国科学院

续表

序号	国家重点实验室	依托单位	主管部门
63	细胞应激生物学国家重点实验室	厦门大学	教育部
64	心血管疾病国家重点实验室	中国医学科学院阜外心血管病医院	国家卫生健康委员会
65	新药研究国家重点实验室	中国科学院上海药物研究所	中国科学院
66	眼科学国家重点实验室	中山大学	教育部
67	药物化学生物学国家重点实验室	南开大学	教育部
68	医学分子生物学国家重点实验室	中国医学科学院基础医学研究所	国家卫生健康委员会
69	医学基因组学国家重点实验室	上海交通大学	教育部
70	医学免疫学国家重点实验室	中国人民解放军第二军医大学	中央军委训练管理部
71	医学神经生物学国家重点实验室	复旦大学	教育部
72	医药生物技术国家重点实验室	南京大学	教育部
73	植物化学与西部植物资源持续利用国家重点实验室	中国科学院昆明植物研究所	中国科学院
74	肿瘤生物学国家重点实验室	中国人民解放军第四军医大学	中央军委训练管理部
75	分析疫苗学与分子诊断学国家重点实验室	厦门大学	教育部
76	生物电子学国家重点实验室	东南大学	教育部
77	器官衰竭防治国家重点实验室	南方医科大学	广东省科技厅

续表

序号	国家重点实验室	依托单位	主管部门
78	中医湿证国家重点实验室	广州中医药大学	科技部、广东省人民政府

资料来源：科技部网站。

表7-6 国家临床医学研究中心建设名单（50家）

序号	领域	依托单位	省（直辖市）
2013年第一批国家临床医学研究中心（13家，6个领域）			
1	心血管疾病	中国医学科学院阜外医院	北京
2		首都医科大学附属北京安贞医院	北京
3	神经系统疾病	首都医科大学附属北京天坛医院	北京
4	慢性肾病	南京军区南京总医院	江苏
5		中国人民解放军总医院	北京
6		南方医科大学南方医院	广东
7	恶性肿瘤	中国医学科学院肿瘤医院	北京
8		天津医科大学附属肿瘤医院	天津
9	呼吸系统疾病	广州医科大学附属第一医院	广东
10		北京医院	北京
11		首都医科大学附属北京儿童医院	北京
12	代谢性疾病	中南大学湘雅二医院	湖南
13		上海交通大学医学院附属瑞金医院	上海
2014年第二批国家临床医学研究中心（9家，3个领域）			
14	精神心理疾病	北京大学第六医院	北京
15		中南大学湘雅二医院	湖南
16		首都医科大学附属北京安定医院	北京
17	妇产疾病	中国医学科学院北京协和医院	北京
18		华中科技大学同济医学院附属同济医院	湖北
19		北京大学第三医院	北京

续表

序号	领域	依托单位	省（直辖市）
20	消化系统疾病	第四军医大学西京医院	陕西
21		首都医科大学附属北京友谊医院	北京
22		第二军医大学长海医院	上海
2016 年第三批国家临床医学研究中心（10 家，2 个领域）			
23	口腔疾病	上海交通大学医学院附属第九人民医院	上海
24		四川大学华西口腔医院	四川
25		北京大学口腔医院	北京
26		第四军医大学口腔医院	陕西
27	老年疾病	中国人民解放军总医院	北京
28		中南大学湘雅医院	湖南
29		四川大学华西医院	四川
30		北京医院	北京
31		复旦大学附属华山医院	上海
32		首都医科大学宣武医院	北京
2018 年第四批国家临床医学研究中心（18 家，9 个领域）			
33	感染性疾病	浙江大学医学院附属第一医院	浙江
34		中国人民解放军第三〇二医院	北京
35		深圳市第三人民医院	广东
36	儿童健康与疾病	浙江大学医学院附属儿童医院	浙江
37		重庆医科大学附属儿童医院	重庆
38	骨科与运动康复	中国人民解放军总医院	北京
39	眼耳鼻喉疾病	温州医科大学附属眼视光医院	浙江
40		上海市第一人民医院	上海
41		中国人民解放军总医院	北京
42	皮肤与免疫疾病	北京大学第一医院	北京
43		中国医学科学院北京协和医院	北京

续表

序号	领域	依托单位	省（直辖市）
44	血液系统疾病	苏州大学附属第一医院	江苏
45		北京大学人民医院	北京
46		中国医学科学院血液病医院	北京
47	中医	中国中医科学院西苑医院	北京
48		天津中医药大学第一附属医院	天津
49	医学检验	中国医科大学附属第一医院	辽宁
50	放射与治疗	复旦大学附属中山医院	上海

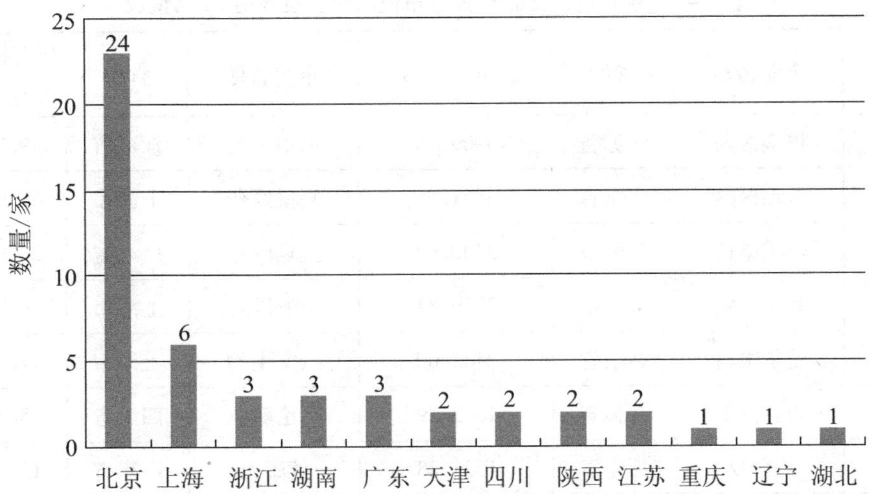

图 7－2　国家临床医学研究中心区域分布情况

7.1.5　培育发展了一批生物医药龙头上市企业

根据同花顺 iFinD 数据，截至 2021 年 3 月 31 日，沪深股市生物医药上市企业共有 385 家，总市值达 77 946.1 亿元，主营业务收入达 19 862.4 亿元，研发投入总额 699.96 亿元，研发投入占主营业务收入比重达 3.52%，生物医药上市企业总市值和研发投入前 20 名情况见表 7－7。其中，恒瑞医药、迈瑞医疗、药明康德、智飞生物、爱尔眼科、长春高新、片仔癀、云南白药、泰格医药、康龙化成是总市值最大的 10 家生物医药企业；恒瑞医药、复星医药、迈瑞医疗、上海医药、君实生物、科伦药业、健康元、丽珠集团、康弘药业、人福医药是研发投入金额最大的10家生物医药企业。从区域分布看，上市生物医药企业主要分布在东部沿海省市（表7－8），上市生物医药企业数量前10的省市分别为广东省（50家）、浙江省（49家）、江苏省（35家）、北京市（34家）、上海市（29家）、山东省（24家）、湖南省（16家）、湖北省（13家）、四川省（12家）、重庆市（11家）；研发投入前10的省市分别为广东省（123.11亿元）、上海市（102.69亿元）、江苏省（87.83亿元）、浙江省（85.95亿元）、北京市（58.38亿元）、山东省（38.42亿元）、四川省（32.02亿元）、天津市（23.22亿元）、湖北省（18.54亿元）、湖南省（15.53亿元）。

表7－7　生物医药上市企业总市值和研发投入前20名情况

序号	企业名称	省份	总市值/亿元	企业名称	省份	研发投入/亿元
1	恒瑞医药	江苏省	4909.98	恒瑞医药	江苏省	49.89
2	迈瑞医疗	广东省	4851.95	复星医药	上海市	40.03
3	药明康德	江苏省	3400.99	迈瑞医疗	广东省	20.96
4	智飞生物	重庆市	2759.84	上海医药	上海市	19.72
5	爱尔眼科	湖南省	2442.00	君实生物	上海市	17.98
6	长春高新	吉林省	1832.29	科伦药业	四川省	15.16
7	片仔癀	福建省	1731.28	健康元	广东省	12.61
8	云南白药	云南省	1539.40	丽珠集团	广东省	9.90
9	泰格医药	浙江省	1284.81	康弘药业	四川省	9.55
10	康龙化成	北京市	1156.22	人福医药	湖北省	9.37
11	万泰生物	北京市	1051.91	华东医药	浙江省	9.18
12	复星医药	上海市	954.80	乐普医疗	北京市	8.06
13	康泰生物	广东省	940.19	信立泰	广东省	7.73
14	爱美客	北京市	891.38	贝达药业	浙江省	7.42
15	新和成	浙江省	821.43	以岭药业	河北省	7.37
16	通策医疗	浙江省	803.20	步长制药	山东省	7.22

续表

序号	企业名称	省份	总市值/亿元	企业名称	省份	研发投入/亿元
17	康希诺	天津市	752.05	海思科	西藏自治区	7.09
18	华熙生物	山东省	740.16	药明康德	江苏省	6.93
19	甘李药业	北京市	738.26	华海药业	浙江省	6.88
20	华兰生物	河南省	725.19	长春高新	吉林省	6.82

数据来源：同花顺 iFinD。

表7－8　生物医药上市企业区域分布情况

省、自治区、直辖市	上市企业数/家	总市值/亿元	主营业务收入/亿元	研发投入/亿元	研发投入占主营业务收入比重/%
广东省	50	13 365.73	3846.26	123.11	3.20
浙江省	49	8535.01	2044.61	85.95	4.20
江苏省	35	11 586.24	1361.06	87.83	6.45
北京市	34	7787.17	1700.49	58.38	3.43
上海市	29	4683.81	2725.30	102.69	3.77
山东省	24	3604.15	1133.37	38.42	3.39
湖南省	16	4297.28	643.62	15.53	2.41
湖北省	13	1455.72	1529.09	18.54	1.21
四川省	12	1482.23	316.34	32.02	10.12
重庆市	11	3601.48	930.82	14.46	1.55
天津市	10	2157.40	377.55	23.22	6.15
吉林省	9	2463.31	176.57	12.65	7.16
福建省	8	2596.96	418.66	6.83	1.63
海南省	7	529.59	60.23	6.88	11.42
河北省	7	905.46	321.90	15.25	4.74
河南省	7	1426.13	161.15	9.60	5.96
云南省	7	2694.64	609.89	6.53	1.07

续表

省、自治区、直辖市	上市企业数/家	总市值/亿元	主营业务收入/亿元	研发投入/亿元	研发投入占主营业务收入比重/%
安徽省	6	855.25	86.38	3.99	4.62
贵州省	6	443.87	156.55	3.53	2.26
黑龙江省	6	400.90	300.60	6.08	2.02
江西省	6	430.24	121.00	3.84	3.18
西藏自治区	6	626.72	84.98	8.89	10.46
广西壮族自治区	5	337.09	219.63	2.85	1.30
山西省	5	456.97	104.58	4.95	4.73
陕西省	5	438.37	103.13	1.61	1.56
新疆维吾尔自治区	4	185.04	28.62	0.63	2.19
甘肃省	3	100.93	37.29	0.21	0.57
辽宁省	3	447.84	250.18	4.32	1.73
内蒙古自治区	2	50.58	12.56	1.17	9.30
总计	385	77 946.10	19 862.40	699.96	3.52

数据来源：同花顺 iFinD。

7.1.6 建设了一批高水平医药类重点学科和研究型医院

为加快医学教育创新发展，国务院办公厅印发出台《关于加快医学教育创新发展的指导意见》，支持建设一批高水平医药类专业院校及重点学科。目前，140 所国家首批“双一流”建设高校中有 28 所高校建设医药类“双一流”学科（表 7－9）。研究型医院是以临床创新研究活动为主要功能的医院，建设研究型医院是医院实现从规模发展转向质量提升的重要途径。近年来，北上广等医疗资源较为丰富的地区纷纷探索建设研究型医院，北京出台《北京市关于加强医疗卫生机构研究创新功能的实施方案（2020—2022 年）》，提出要大力建设研究型病房，鼓励引导现有医院强化研究创新功能，转型建设研究型医院；上海出台《关于加强本市医疗卫生机构临床研究支持生物医药产业发展的实施方案》，提出要制定研究型医院建设标准，推进一批研究型医院建设，支持研究型医院主持和参与国际多中心临床研究。

表7-9 国家首批医药类“双一流”建设学科

序号	学校名称	“双一流”学科建设名单
1	北京大学	生物学、基础医学、临床医学、口腔医学、公共卫生与预防医学、药学、护理学
2	北京协和医学院	生物学、生物医学工程、临床医学、药学
3	北京中医药大学	中医学、中西医结合、中药学
4	天津医科大学	临床医学（自定）
5	天津中医药大学	中药学
6	内蒙古大学	生物学（自定）
7	复旦大学	生物学、基础医学、临床医学、中西医结合、药学
8	上海交通大学	生物学、基础医学、临床医学、口腔医学、药学
9	上海中医药大学	中医学、中药学
10	南京大学	生物学
11	东南大学	生物医学工程
12	南京中医药大学	中药学
13	中国药科大学	中药学
14	浙江大学	生物学、基础医学、药学
15	中国科学技术大学	生物学
16	厦门大学	生物学
17	郑州大学	临床医学（自定）
18	河南大学	生物学
19	武汉大学	生物学、口腔医学
20	华中科技大学	基础医学、公共卫生与预防医学
21	华中农业大学	生物学、园艺学
22	中山大学	生物学、基础医学、临床医学、药学
23	广州中医药大学	中医学
24	四川大学	基础医学、口腔医学、护理学
25	成都中医药大学	中药学
26	西南大学	生物学
27	第二军医大学	基础医学
28	第四军医大学	临床医学（自定）

7.1.7 生物医药产业创新实力与发达国家相比仍有明显差距

近年来，我国生物医药产业创新取得较快发展，但与发达国家和地区相比，我国生物医药产业创新水平总体不高，世界一流的生物医药企业、高校、医院、成果及人才等方面与发达国家和地区相比仍具有明显差距（表7－10）。一是世界一流制药、医疗器械企业与美日有一定差距。我国共4家企业上榜“2020年全球制药企业前50排行榜”，与德国并列全球第3，落后于美国（15家）、日本（10家）；我国共7家企业上榜“2019年全球医疗器械企业前100排行榜”，位列全球第3，落后于美国（48家）、日本（11家）；我国共8家企业进入“2020年全球生物医药产业发明专利前100排行榜”，位列全球第3，落后于美国（48家）、日本（12家）。二是世界一流的生物医药高层次人才、创新成果远落后于欧美发达国家。历年诺贝尔生理学或医学奖共有222人获奖，我国仅1人获得，远落后于美国、英国、德国、法国等国家。在“2020年全球药物销售额前100排行榜”“2020年世界最佳医院前100排行榜”中，我国均未上榜，与发达国家差距较大。另外，我国虽然是中医药发源地，具有资源好、底子好、基础好等优势，但仍面临中医药大而不强等问题。三是世界一流的生命科学与医学学科排名相对靠后。根据2020年QS世界大学学科排名，我国共有10所高校入选生命科学与医学学科前200，全球排名第5，落后于美国（61所）、英国（21所）、德国（14所）。

表7－10 中国与主要发达国家生物医药创新指标对比

指标	中国	美国	日本	德国	英国	法国	瑞士	韩国	丹麦
2020年全球制药企业前50榜单数量/家	4	15	10	3	3	3	2	0	1
2019年全球医疗器械企业前100榜单数量/家	7	48	11	6	4	1	4	3	3
2020年全球生物医药产业发明专利前100榜单企业数量/家	8	48	12	7	5	5	4	3	2
2020年QS世界大学排名生命科学与医学学科全球前200榜单数量/所	10	61	8	14	21	7	7	4	2

续表

指标	中国	美国	日本	德国	英国	法国	瑞士	韩国	丹麦
诺贝尔生理学或医学奖得奖人数/人	1	103	5	17	34	11	6	0	5
2020 年世界最佳医院前 100 榜单数量/家	0	18	7	10	7	7	3	7	2
2019 年全球药物前 100 榜单数量/个	0	53	6	8	10	7	16	0	3

数据来源：各排行榜。

7.2 我国促进生物医药产业创新发展政策分析

7.2.1 制定出台生物医药产业创新相关战略规划

1. 加强顶层设计制定生物医药产业规划

（1）将生物医药产业纳入国家科技创新重点领域。2015 年出台的《国家中长期科学和技术发展规划纲要（2006—2020 年）》，把生物技术作为未来高技术产业发展的重点，部署基因操作和蛋白质工程技术、基于干细胞的人体组织工程技术等前沿技术发展，并加强生物技术在农业、工业、人口与健康等领域的应用。2015 年，国务院发布《中国制造 2025》，提出将生物医药及高性能医疗器械作为十大重点发展领域和战略性新兴产业加快培育。另外，在历次国家科技创新规划文本中，均提出支持创新药物、高端医疗器械产业创新发展。

（2）将生物医药作为“十四五”规划及 2035 年远景目标纲要的重要内容。2021 年 3 月 11 日，十三届全国人大四次会议表决通过《中华人民共和国国民经济和社会发展第十四个五年规划和 2035 年远景目标纲要》，提出瞄准生命健康、脑科学、生物育种等前沿领域，加强原创性引领性科技攻关，并聚焦生物技术等领域，加快关键核心技术创新应用。

（3）连续制定出台生物医药产业专项规划。我国相继制定出台《生物产业发展规划》《“十二五”生物技术发展规划》《“十三五”生物技术创新专项规划》，明确包括生物医药在内的生物技术发展思路目标及主要任务和发展重点。另外，国家还出台了《促进医药产业健康发展的指导意见》《“健康中国2030”规划纲要》等，促进医药产业持续健康发展。具体相关战略规划如表7－11所示。

表7－11　我国生物医药创新发展相关战略规划

序号	文号/时间	文件名称	主要内容
顶层规划			
1	2021年3月	《中华人民共和国国民经济和社会发展第十四个五年规划和2035年远景目标纲要》	瞄准生命健康、脑科学、生物育种等前沿领域，加强原创性引领性科技攻关，并聚焦生物技术等领域，加快关键核心技术创新应用。同时，将生物安全风险防控作为提高公共安全保障能力的内容
2	2016年8月	《“十三五”国家科技创新规划》	将生物技术、生物医药、生物制造、生物医药材料、生物资源利用、生物仪器制造等作为重点领域进行发展
3	国发〔2015〕28号	《中国制造2025》	将生物医药及高性能医疗器械作为十大重点发展领域和战略性新兴产业加快培育，提出发展针对重大疾病的化学药、中药、生物技术药物新产品，提高医疗器械的创新能力和产业化水平
4	2011年7月	《国家“十二五”科学和技术发展规划》	部署将生物产业作为战略性新兴产业来发展，并将生物和医药技术作为前沿技术研究进行重点部署
5	国发〔2010〕32号	《国务院关于加快培育和发展战略性新兴产业的决定》	明确生物产业作为七大战略性新兴产业之一的地位，提出加快海洋生物产品及技术的产业化和研发；推进生物制造关键技术的应用、示范与开发；加快先进生物医学工程产品，如医用材料、医疗设备等的研发和产业化；大力发展用于重大疾病防治的现代中药、化学药物、新型疫苗和诊断试剂、生物技术药物等创新药物大品种

续表

序号	文号/时间	文件名称	主要内容
6	2006年10月	《国家“十一五”科学技术发展规划》	部署转基因生物新品种培育、重大新药创制、艾滋病和病毒性肝炎等重大传染病防治等重大专项，加强社会发展领域的公益性技术研究，提高人口健康水平
7	2006年2月	《国家中长期科学和技术发展规划纲要（2006—2020年）》	加强生物技术在农业、工业、人口与健康等领域的应用，其中，将人口与健康作为重点领域，部署安全避孕节育与出生缺陷防治以及心脑血管病、肿瘤等重大非传染疾病防治等工作；将生物技术作为前沿技术，瞄准靶标发现技术、动植物品种与药物分子设计技术、基因操作和蛋白质工程技术等方向
生物医药相关专项规划			
8	2019年7月	《健康中国行动（2019—2030年）》	中西医并重，把健康融入所有政策，针对重大疾病和一些突出问题，聚焦重点人群，实施一批重大行动①，建立健全健康教育体系，促进以治病为中心向以健康为中心转变，提高人民健康水平
9	国办发〔2016〕11号	《关于促进医药产业健康发展的指导意见》	推动医药产业生态化、服务化、智能化，加快医药产品审批、生产、流通、使用领域体制机制改革，激发医药产业创新活力，降低医药产品从研发到上市全环节的成本
10	国科发社〔2017〕103号	《“十三五”生物技术创新专项规划》	面向重大战略需求，瞄准生物技术基础前沿、重大关键技术、产业化应用等方向，集中资源系统性布局，强化原始创新和集成创新，抢占生物技术竞争的战略制高点，加快培育生物技术高新企业和新兴产业，推进由生物技术大国向生物技术强国转变

①刘艳红，张文学，沈毅．“健康中国”背景下制药产业安全的内涵及提升［J］．中国药物经济学，2021（4）：121－124，128．

续表

序号	文号/时间	文件名称	主要内容
11	国发〔2012〕65 号	《生物产业发展规划》	面向环保、能源、农业、健康等领域的重大需求，建设现代生物安全保障体系和生物产业体系

2. 聚焦创新环节及重点领域制定政策法规

（1）制定药品器械审评审批的政策法规。改革药品医疗器械审评审批制度，是中共十八届三中全会部署的改革任务。2015 年 8 月，国务院印发了《关于改革药品医疗器械审评审批制度的意见》，全面启动药品医疗器械审评审批改革。2017 年 10 月，中共中央办公厅、国务院办公厅印发了《关于深化审评审批制度改革鼓励药品医疗器械创新的意见》，围绕改革临床试验管理、优化审评审批、加强创新权益保护、明确上市许可持有人责任、提升技术支撑能力等五大方面进行改革部署。

（2）制定中医药创新发展的指导意见。中医药传承创新发展对发挥我国中医药原创优势、推动生命科学实现创新突破、弘扬中华优秀传统文化具有重要意义。习近平总书记多次强调，要传承精华，守正创新，要遵循中医药发展规律，加快推进中医药产业化、现代化。2019 年 10 月，中共中央、国务院印发《关于促进中医药传承创新发展的意见》，对中医药传承创新发展进行系统谋划、全面部署。2021 年 2 月，国务院印发实施《关于加快中医药特色发展的若干政策措施》，重点从中医药人才培育、注册管理与审评审批、中药质量与资源、标准化等方面推动中医药创新发展。

（3）顶层谋划生物安全治理体系建设。突如其来的新冠肺炎疫情，给我国生物安全和健康生活带来了极大的挑战。习近平总书记 2020 年 2 月 14 日在中央全面深化改革委员会第十二次会议上指出，把生物安全纳入国家安全体系，系统规划国家生物安全风险防控和治理体系建设，全面提高国家生物安全治理能力。2020 年 10 月 17 日，十三届全国人大常委会第二十二次会议表决通过《中华人民共和国生物安全法》，是中国生物安全领域第一部统领性、系统性、综合性、基础性的法律①。《中华人民共和国生物安全法》共计 10 章 88 条，为我国提高国家生物安全治理能力、完善生物安全风险防控体制机制指明了方向，并提供了有力的制度支撑。

---

①陈燕．健全生物安全体系 构建生物安全共同体［N］．中国社会科学报，2020－12－22（012）．

7.2.2 加大人财物要素投入，支持生物医药全链条研发创新

1. 国家自然科学基金支持生命科学领域基础研究

国家自然科学基金按照资助类别可分为面上项目、重点项目、重大项目、国家杰出青年科学基金等 17 类。根据国家自然科学基金委员会的机构设置，与生物医药相关的部门包括生命科学部、化学科学部、医学科学部，这些部门重点对生物医药基础研究进行支持，2019 年国家自然科学基金生物医药领域获批项目情况如表7－12 所示。

表 7－12　2019 年国家自然科学基金获批项目统计

部门	领域	面上项目批准项数/项	面上项目批准金额/万元	重点项目批准项数/项	重点项目批准金额/万元	杰青项目批准项数/项	杰青项目批准金额/万元
生命科学部	微生物学、植物学、动物学	542	31 453	15	4513	7	2800
	遗传学与生物信息学、细胞生物学、发育生物学与生殖生物学	331	19 194	19	5674	9	3600
	免疫学、神经科学与心理学、生理学与整合生物学	312	18 145	24	7213	6	2400
	生物物理与生物化学、生物材料、成像与组织工程学	294	17 078	11	3320	4	1600
	生态学、林学与草地科学	404	23 468	9	2676	2	800
	食品科学、农学基础与作物学	456	26 421	9	2728	3	1200

续表

部门	领域	面上项目批准项数/项	面上项目批准金额/万元	重点项目批准项数/项	重点项目批准金额/万元	杰青项目批准项数/项	杰青项目批准金额/万元
生命科学部	植物保护学、园艺学与植物营养学	327	18 964	14	4196	4	1600
	畜牧学、兽医学、水产学	341	19 747	14	4180	3	1200
化学科学部	合成化学	268	17 478	12	3600	12	4800
	化学生物学	128	8381.5	6	1800	2	800
医学科学部	医学科学一处	521	28 705	14	4158	5	2000
	医学科学二处	639	35 196	14	4158	4	1600
	医学科学三处	412	22 687	10	2970	3	1200
	医学科学四处	274	15 060	9	2730	6	2400
	医学科学五处	257	14 134	13	3861	5	2000
	医学科学六处	436	23 962	15	4451	4	1600
	医学科学七处	867	47 686	16	4748	3	1200
	医学科学八处	262	14 400	10	2970	2	800
	医学科学九处	275	15 099	15	4453	4	1600
	医学科学十处	641	35 191	9	2671	1	400

资料来源：国家自然科学基金网站。

2. 设立重大/重点科技专项，支持生物医药领域关键核心技术攻关

国家在生物医药领域布局了一批科技专项，其中，国家重大科技专项包括新药创制、艾滋病和病毒性肝炎等重大传染病防治；国家重点研发计划专项包括主动健康和老龄化科技应对、重大慢性非传染性疾病防控研究、干细胞及转化研究、生殖健康及重大出生缺陷防控研究、数字诊疗装备研发、生物医用材料研发与组织器官修复替代、中医药现代化研究、精准医学研究、绿色生物制造、生物安全关键技术研发等（表 7 – 13）。这些科技专项推动了我国生物医药关键核心技术攻关和重大战略产品装备研制。

表 7－13 中国生物医药领域设立重大/重点科技专项

名称	类型	实施年度	专项目标	专项任务
新药创制	国家重大科技专项	2008—2020 年	针对严重危害我国人民健康的 10 类（种）重大疾病，重视儿童和罕见病用药，突破一批制约新药创制的关键核心技术，产出一批具有重大临床价值的创新成果和临床急需的化学药、中药和生物药	包括重大创新药物研发、临床急需药品研发、新药临床评价技术平台、重大药物品种、国产创新药品及高端制剂国际化品种等
艾滋病和病毒性肝炎等重大传染病防治		2008—2020 年	着眼于构建艾滋病、病毒性肝炎等重大传染病的防治体系，自主研发传染病诊断、预防和防护产品，建立与发达国家水平相当的防治技术平台	包括艾滋病、病毒性肝炎、结核病和突发急性传染病新型诊断试剂的研发及配套设备的供应；解决传染病诊断方面存在的关键瓶颈问题和技术短板
干细胞及转化研究	国家重点研发计划专项	2016—2020 年	针对影响我国人民健康的重大疾病，增强我国干细胞及转化研究的核心竞争力，力争取得科学理论和核心技术方面的原创突破	主要包括干细胞临床研究；利用动物模型进行干细胞临床前评估；基于干细胞进行组织和器官功能再造；干细胞移植后体内功能建立与调控机制；干细胞定向分化及细胞转分化机制；干细胞资源库；组织干细胞获得、功能和调控机制；多能干细胞建立与干性维持机制

续表

名称	类型	实施年度	专项目标	专项任务
精准医学研究	国家重点研发计划专项	2016—2018 年	形成重大疾病的精准防诊治方案和临床决策系统，建设中国人群典型疾病精准医疗临床方案的示范、应用和推广体系	包括精准医学集成应用示范体系建设；疾病防诊治方案的精准化研究；精准医学大数据的资源整合、存储、利用与共享平台建设；大规模人群队列研究；生命组学技术研发等
生物医用材料研发与组织器官修复替代		2016—2020 年	以新型骨骼－肌肉系统、心血管系统材料、植入器械及高值医用耗材为重点，开发一批新产品，突破一批关键技术，构建我国新一代生物医用材料产业体系	包括涉及前沿科学及基础创新、关键核心技术、产品开发、典型示范等的医用级原材料的研发及产业化，标准和规范研究，临床及临床转化研究
生殖健康及重大出生缺陷防控研究		2016—2019 年	建立我国重大出生缺陷疾病防治的全链条研发体系，建立适宜中国人群且经济有效的生殖健康相关疾病预警、早期筛查、诊断、治疗的综合防治平台	包括建立和完善中国人群育龄人口队列和出生人口队列，开展生殖健康相关疾病临床防治研究；生殖健康与出生缺陷相关疾病发病机制研究；出生缺陷、不孕不育和避孕节育防治技术及产品研发；建立生殖疾病和出生缺陷防治的全链条研发体系；开展降低出生缺陷的应用示范和评价研究

续表

名称	类型	实施年度	专项目标	专项任务
数字诊疗装备研发	国家重点研发计划专项	2016—2020 年	以早期诊断、精确诊断、微创治疗、精准治疗为方向，重点突破一批引领性前沿技术，加快推进我国医疗器械领域创新链与产业链的整合	包括核心部件/集成电路/元器件/原材料问题攻关、前沿与共性技术创新、重大产品研发、数字诊疗装备前沿创新产品研发、新型服务模式解决方案、国家医疗器械示范应用
重大慢性非传染性疾病防控研究		2016—2020 年	重点建立健全重大慢病研究体系和创新网络，搭建重大慢病研究公共平台，突破一批重大慢病防治关键技术，聚焦神经精神疾病和糖尿病、慢性阻塞性肺疾病（慢阻肺）、恶性肿瘤等重大慢病	包括重大慢病支撑平台体系研究及国际合作研究、重大慢病综合防控研究、神经精神疾病防控技术研究、慢阻肺防控技术研究、糖尿病防控技术研究、恶性肿瘤防控技术研究、心脑血管疾病防控技术研究等
中医药现代化研究		2017—2020 年	加快中医四诊客观化等关键技术突破，加强中医原创理论创新及中医药的现代传承研究，为了提升中医药国际科技合作层次，制定一批中医药防治重大疾病和疑难疾病的临床方案	包括中医药理论传承与创新、中医药防治重大疾病、中药资源保障、中医药大健康产业科技示范、中医药国际化、民族医药传承与创新
主动健康和老龄化科技应对		2018—2021 年	以健康失衡状态的动态辨识、健康风险评估与健康自主管理为主攻方向，重点突破人体健康状态量化分层等难点和瓶颈问题，引领构建新型健康感知、辨识、干预与管理技术体系，发展适合我国国情的科技养老服务标准及评价体系	主动健康服务技术、老年常见疾病防控和康复护理技术研究，主动健康关键技术和产品研发、健康生物学机制及健康影响因素的关键基础研究，主动健康和老年服务科技示范与应用推广

续表

名称	类型	实施年度	专项目标	专项任务
生物安全关键技术研发	国家重点研发计划专项	2016—2020 年	针对人与动植物等新发突发传染病疫情、外来生物入侵、实验室生物安全，以及人类遗传资源和特殊生物资源流失等国家生物安全关键领域，开展科技攻关	包括基础研究、共性关键技术及重大产品研发、典型应用示范等三项任务
绿色生物制造		2020—2021 年	以“绿色发展”理念为指导，聚焦生物技术在产业提升中的重大需求，以产业化为导向，重点围绕生物催化剂的创制等，建立引领未来的生物制造前沿技术系统	包括工业酶创制与应用、生物制造工业菌种构建、智能生物制造过程与装备、生物制造原料利用、未来生物制造技术路线及创新产品研发、绿色生物制造产业体系构建与示范

资料来源：根据科技部网站整理。

3. 聚焦医学科技成果临床转化，建设国家临床医学研究网络

为整体推进我国医学科技发展和加快医学科技成果临床转化和普及推广，2012 年起，科技部会同有关部委试点开展国家临床医学研究中心建设工作，先后试点建设 4 批共 50 家国家临床医学研究中心，涉及 20 个领域（表 7 - 14）。为更好地推进国家临床医学研究中心建设发展，2017 年，科技部等发布《国家临床医学研究中心五年（2017—2021 年）发展规划》和《国家临床医学研究中心管理办法（2017 年修订）》，对国家临床医学研究中心建设的领域区域布局、临床研究、协同创新、人才培养、成果转化及推广应用等方面作出统筹规划，进一步完善国家临床医学研究中心的申报评审、建设运营管理和绩效评估工作。

表 7－14　4 批 50 家国家临床医学研究中心获批情况

批次	发布时间	数量	涉及领域
第一批	2013 年 6 月 8 日	13 家	心血管病、神经系统疾病（包括脑血管病）、慢性肾病、恶性肿瘤、呼吸系统疾病和代谢性疾病等 6 个领域
第二批	2014 年 10 月 23 日	9 家	精神心理疾病、妇产疾病、消化系统疾病等 3 个领域
第三批	2016 年 7 月 18 日	10 家	口腔疾病、老年疾病 2 个领域
第四批	2018 年 11 月 15 日	18 家	感染性疾病、儿童健康与疾病、骨科与运动康复、眼耳鼻喉疾病、皮肤与免疫疾病、血液系统疾病、中医、医学检验、放射与治疗等 9 个领域

资料来源：根据科技部网站整理。

4. 培育医药领域研发创新领军人才

生物医药产业是以生物医药技术为核心的知识密集型产业，对高端创新创业人才的需求量巨大。我国聚焦药物创新、医疗器械核心软硬件开发、中医药传承等方面的需求，深入实施人才优先发展战略，大力培育引进生物医药领域的高层次创新创业人才和团队。如中国科学院学部设立生命科学和医学学部作为六个学部之一，大力培育生物医药领域顶尖人才。截至 2021 年 5 月，生命科学和医学学部有 147 名院士。中国工程院设立医药卫生学部作为九大学部之一，截至 2021 年 5 月，医药卫生学部有 121 名院士。另外，2017 年以来，为重点培养中医药高层次、高技能人才，国家中医药管理局评选 30 名国医大师和 100 名全国名中医，并启动国家中医药领军人才支持计划，遴选 100 名“岐黄学者”，推动中医药高层次人才的遴选、培养、使用、评价和激励。

7.2.3　多举措促进生物医药科技型企业培育发展

1. 实施生物医药企业新产品研发分阶段奖补

针对生物医药研发高投入、高风险和长周期的特点，为支持生物医药企业研发创新，根据研发阶段对生物医药企业新产品实施研发分阶段奖补是较为常见的财政补贴政策举措。如上海根据创新药研发、改良型新药研发、创新医疗器械研发等不同类型的产品，实施不同标准的分阶段奖补。另外，为了支持本土生物医药企业开拓海外市场，上海、北京、广东等地鼓励本土生物医药企业申请国外注册证，如上海对本市研发生产的创新药和高端医疗器械通过 FDA（美国食品药品监督管理局）、EMA（欧洲药品管理局）、CE（欧洲统一）、PMDA（日本医药品医疗器械局）等认证的，给予一次性资金支持。具体相关政策如表 7－15 所示。

表 7－15　典型地区生物医药企业新产品分阶段奖补政策举措

省市	政策来源	分阶段奖补政策措施
上海	《上海市人民政府办公厅关于促进本市生物医药产业高质量发展的若干意见》（沪府办规〔2021〕5号）	支持创新药研发。对已在国内开展Ⅰ期、Ⅱ期、Ⅲ期临床试验，由本市注册申请人获得许可并在本市生产的 1 类中药、1 类生物制品和 1 类化学药，按照不同阶段，择优给予最高分别为 500 万元、1000 万元、3000 万元且不超过研发投入 40% 的资金支持，并且每个单位每年累计支持额度不超过 1 亿元
		支持改良型新药研发。以每个单位每年累计支持额度不超过 2000 万元为限，对由本市注册申请人获得许可并在本市生产的并且在国内完成Ⅱ期、Ⅲ期临床试验，具有较高技术含量、安全性、有效性，具有明显优势的改良型新药，择优给予不超过研发投入 20%，最高分别为 500 万元、1000 万元的资金支持
		支持创新医疗器械研发。以每个单位每年累计支持额度不超过 1500 万元为限，按照不超过 200 万元的资金对进入国家和本市创新医疗器械特别审查程序的医疗器械产品给予支持；对本市生产的产品，一旦进入上述程序、首次取得医疗器械注册证可再给予不超过研发投入 40%、最高 500 万元的资金支持

续表

省市	政策来源	分阶段奖补政策措施
重庆	《重庆市加快生物医药产业发展若干政策》(渝府办发〔2019〕56号)	对临床前研究进行补助。以300万元的一次性资金对获得临床批件或默认临床后的改良型新药、获批纳入国家医疗器械优先审批通道的第三类医疗器械、生物类似药和在研创新药的产品注册申请人给予补助。 药物临床试验补助。对完成Ⅰ期、Ⅱ期、Ⅲ期临床试验研究后的生物类似药、改良型新药和在研创新药，分阶段给予产品注册申请人总额1200万元的临床试验补助。 医疗器械产品临床试验补助。获批纳入国家医疗器械优先审批通道的第三类医疗器械完成临床试验研究后，给予产品注册申请人700万元的一次性补助；其他第三类医疗器械完成临床试验研究后给予产品注册申请人最高不超过300万元的一次性补助
浙江	《关于加快生命健康科技创新发展的实施意见》(2019年12月)	对获得美国或欧盟注册认证的新药和高端医疗器械和首次取得第三类医疗器械注册证书的医疗器械产品，以及企业取得注册证书并实现生产或销售的创新医疗器械、创新药物，通过省重点研发计划项目择优给予支持
广东	《关于促进生物医药创新发展的若干政策措施》(粤科社字〔2020〕86号)	鼓励有条件的地市实施临床前研究、临床试验、仿制药一致性评价奖补，在产品注册申请人获得临床试验许可或备案后，对按照创新医疗器械特别审批程序审批的医疗器械，以及在研创新药、创新生物制品、改良型新药和改良型生物制品分别给予一次性奖补；在完成Ⅰ期、Ⅱ期、Ⅲ期临床试验后，对改良型生物制品、改良型新药、创新生物制品、在研创新药分阶段给予产品注册申请人一次性奖补；对按照创新医疗器械特别审批程序审批的医疗器械完成临床试验后，给予产品注册申请人一次性奖补；对通过仿制药一致性评价的药品，按实际投入研发费用的一定比例给予一次性奖补。鼓励有条件的地市对获得美国食品药品监督管理局（FDA）、欧盟药品质量指导委员会（EDQM）或日本厚生劳动省等注册认证的新药和高端医疗器械，按照前期研发投入一定比例给予一次性奖补

续表

省市	政策来源	分阶段奖补政策措施
广州	《广州市人民政府关于印发广州市加快生物医药产业发展若干规定（修订）的通知》（穗府规〔2020〕1号）	市科技计划将纳入临床前研究阶段项目，并且在评审后按核定费用以不超过300万元、500万元和1000万元的经费对新启动临床Ⅰ、Ⅱ、Ⅲ期研究的新药项目分别给予奖励
深圳	《深圳市促进生物医药产业集聚发展的若干措施》（2020年2月）	根据研发进度，对在国内开展临床试验并在市内进行转化的新药分阶段予以资助。以单个企业每年资助最高不超过1亿元为限，按照最高不超过1000万元、2000万元、3000万元的金额对完成Ⅰ、Ⅱ、Ⅲ期临床试验的新药项目进行支持
珠海	《珠海高新区促进生物医药产业发展扶持办法（试行）》（2020年10月）	对在我区自主研发的生物制品分阶段予以奖励。经国家药品监督管理部门同意进入临床试验阶段的，给予奖励资金100万元；完成三期临床试验的，给予奖励资金200万元；取得新药证书的，给予奖励资金500万元，其中属新型生物制品和改良型生物制品的，再给予奖励资金200万元。对在我区自主研发的二类、三类医疗器械产品（同类产品的不同规格按一项受理）分类分阶段予以奖励

2. 注重引导风投创投资金投向生物医药企业

风险投资是生物医药产业融资的有效途径，上海、重庆、天津、广州、深圳、中山、成都、苏州等先进城市纷纷通过设立专项基金、创投风投基金等方式，引导风投创投加大对生物医药产业的投入力度①，支持生物医药企业研发创新。具体相关政策如表7－16所示。

①袁永，胡海鹏，唐慧．生物医药产业创新发展促进政策研究：以惠州为例［J］．科技创新发展战略研究，2021（3）：49－53．

表7－16 典型地区引导风投创投资金投向生物医药政策举措

省市	政策来源	投融资政策措施
上海	《上海市人民政府办公厅关于促进本市生物医药产业高质量发展的若干意见》(沪府办规〔2021〕5号)	持续推动生物医药企业登陆科创板上市融资。发挥本市政策性担保基金作用，支持开展“新药贷”等金融产品创新试点。持续扩大上海生物医药产业股权投资基金规模。对经认定的创投机构发起或作为有限合伙人出资成立生物医药基金时，简化相关主体登记手续。对符合条件的国有创投机构采用代表性市场估值参与市场投资项目时，允许其事后办理国资评估备案
重庆	《重庆市加快生物医药产业发展若干政策》(渝府办发〔2019〕56号)	成立政府引导的生物医药产业专项投资基金，通过政府资金引导、金融资本和医药企业参与的方式形成总规模100亿元以上的股权投资基金，加大对生物医药产业的投资力度，不断拓展企业直接融资渠道。认真落实创业投资企业和天使投资个人投向种子期、初创期的科技型企业，按投资额的70%抵扣创业投资企业和天使投资个人应纳税所得额等国家税收优惠政策。对依法设立的各类市场化运行的私募股权、创业投资基金，按其年度对本地生物医药企业合计到账投资金额的1%，给予基金管理公司、团队及被投项目持有人团队最高不超过300万元的一次性奖励
天津	《天津市生物医药产业发展三年行动计划(2018—2020年)》(2018年10月)	以海河产业基金为支撑，发挥300亿元生物医药产业基金的作用，带动社会资本对具有较好竞争性和成长潜力的医药企业开展股权投资
广州	《广州市人民政府办公厅关于加快生物医药产业发展的实施意见》(穗府办〔2018〕2号)	设立首期规模100亿元的广州生物医药产业投资基金，对进入临床研究的新药项目最高给予200万元的经费扶持，对本地生物医药产业项目实行工业用地先租赁后出让、弹性年期出让制度

续表

省市	政策来源	投融资政策措施
深圳	《深圳市生物医药产业发展行动计划（2020—2025 年）》（2020 年 3 月）	探讨在政府引导基金基础上增设产业专项子基金，吸引创业投资机构和产业投资基金投资生物医药产业园区建设、高端医疗器械项目及新药项目，建立覆盖全链条的资本支持方式，激活市场主体活力，撬动社会资本投入
成都	《成都高新区关于构建生物产业生态圈（产业功能区）促进生物产业发展的若干政策》（2018 年 5 月）	设立生物产业基金，财政出资不低于 10 亿元，搭建总规模不低于 100 亿元的生物产业专项基金（包括天使基金、风投基金、产业发展基金等），多层次、多渠道、多形式支持和服务高新区生物企业成长壮大

3. 大力培育发展和引进生物医药龙头企业

北京、上海、重庆、成都、杭州、苏州、青岛、广州、珠海等地纷纷采取财税政策支持引进和培育生物医药企业，吸引国内外优质企业设立总部、研发中心或生产基地。另外，为培育发展本土研发外包机构，广东等地大力支持本土研发外包机构发展，如对药物非临床试验研究机构、药物临床试验机构、委托合同研究机构（CRO）、委托合同生产机构（CMO）、合同研发生产服务机构（CDMO）等给予大力支持，为与本研发服务机构无投资关系的生物医药企业提供技术服务的，鼓励有条件的地市按技术合同成交额的一定比例给予一次性奖补。具体相关政策如表 7 - 17 所示。

表 7 - 17　典型地区引进培育生物医药龙头企业政策举措

省市	政策来源	引进培育龙头企业政策措施
北京	《北京市加快医药健康协同创新行动计划（2021—2023 年）》（京政办发〔2021〕12 号）	培育原创技术企业，支持知名科学家在京创办具有原创技术的初创企业 20 家，加快原创技术的转化和落地。支持具有高增值能力、高成长性企业跨越式发展，新增上市企业 25 家。做大行业领军企业，支持企业通过带头创新、并购重组、全球布局等方式实现高质量发展，培育年销售规模 50 亿元以上企业 15 家、100 亿元以上企业 6 家

续表

省市	政策来源	引进培育龙头企业政策措施
上海	《上海市人民政府办公厅关于促进本市生物医药产业高质量发展的若干意见》（沪府办规〔2021〕5号）	支持本市龙头企业加强资本运作和模式创新，强化研发引领与制造支撑，推进全球化发展。鼓励本市生物医药企业通过自主创新、收购并购等方式发展壮大。加强招商引资，吸引国内外优质企业在沪设立各类总部、研发中心、生产基地等
成都	《成都高新区关于构建生物产业生态圈（产业功能区）促进生物产业发展的若干政策》（2018年5月）	对生物产业领域的世界500强、国内100强及行业龙头企业在成都高新区设立总部、研发中心、生产基地等，对重点优势品种、高端人才团队或投资总额达到5亿元以上的重大产业化项目落户，采取“一事一议”原则给予支持
青岛	《关于支持生物医药产业高质量发展若干政策措施的通知》（青政办发〔2020〕6号）	对世界500强生物医药企业、中国医药工业百强企业或境内外上市生物医药企业，在市内设立总部或区域总部的，单个项目最高支持3000万元，对特别重大项目实行“一事一议”原则
广州	《广州市人民政府关于印发广州市加快生物医药产业发展若干规定（修订）的通知》（穗府规〔2020〕1号）	按照“一事一议”原则对粤港澳大湾区国家级生物医药改革试点、基地、平台项目，以及国际科技创新中心重大生物医药中心、实验室、产业及平台项目给予特殊优惠扶持
珠海	《珠海高新区促进生物医药产业发展扶持办法（试行）》（2020年10月）	对符合规定的生物制品类企业、医疗器械类企业最高分别资助2000万元、1000万元，对珠海高新区引领科技进步和产业转型升级的重点生物医药企业和项目，采取“一事一议”的方式予以支持

7.2.4 系统建设药物器械临床试验及审批制度体系

1. 逐步完善临床审批及监督管理规范体系

新中国成立后，我国药品器械临床审批监督及相关规范体系逐步完善，先后发布了《关于药政管理的若干规定》（1963 年）、《药政管理条例》（1978 年）、《新药管理办法》（1979 年），初步对新药临床试验申报、审批、生产等环节的管理作了系统规定，并于 1984 年出台《中华人民共和国药品管理法》，首次对新药的管理做出了法制性的规定。随着生物医药产业全球化发展，根据《药物临床试验质量管理规范》（ICH-GCP）等国际相关规定，1998 年 3 月我国出台《药品临床试验管理规范（试行）》，这是我国首部药物临床试验管理规定。1999 年 5 月，我国颁布了《新药保护和技术转让的规定》《新生物制品审批办法》《进口药品管理办法》《仿制药品审批办法》和《新药审批办法》等新药注册审批的相关法规。2000 年 1 月，我国首次实施《医疗器械监督管理条例》，对医疗器械研制、生产、经营和使用进行监督管理。

为加快推进药品器械研发创新，我国不断完善临床审批监督规范体系。一是完善临床试验质量管理规范。2001 年修订后的《中华人民共和国药品管理法》确定了药物临床试验质量管理规范的强制性法律地位，这部由全国人大常委会修订通过的法律明确指出药物临床试验质量管理规范是药物临床试验机构必须执行的环节。2010 年 11 月颁布实施《药物临床试验伦理审查工作指导原则》，进一步规范了临床试验中的伦理审查工作，2018 年 7 月发布《接受药品境外临床试验数据的技术指导原则》，提出减少不必要的重复研究①。二是加快推进中药临床试验。2002 年国家药品监督管理局发布《中药新药临床试验指导原则》，初步形成中药新药临床评价技术体系。随着中药新药临床试验技术和药品审评审批要求的提高，我国先后发布了《中药新药临床研究一般原则》《中药新药治疗原发性骨质疏松症临床研究技术指导原则》《中药新药治疗中风临床研究技术指导原则》《中药新药治疗恶性肿瘤临床研究技术指导原则》《中药注册管理专门规定》，逐步构建中药评审体系和临床试验技术要求。三是不断制定完善医疗器械监管法律。2000 年国务院发布《医疗器械监

①程雅倩，何文．我国药物临床试验的开展和监管体系现状［J］．中国药师，2019（6）：1132－1138.

督管理条例》，并于2014年、2017年、2020年进行了修订，对分类监督管理、创新监管方式、器械临床推广使用等多方面进行了优化完善。另外，为进一步提升医疗器械的安全性和有效性，我国相继制定《关于发布医疗器械生产质量管理规范附录无菌医疗器械公告》《医疗器械工艺用水质量管理指南》《医疗器械召回管理办法》等政策。四是不断加快推进药品医疗器械审评审批制度改革。2015年，国务院发布《国务院关于改革药品医疗器械审评审批制度的意见》，试点推广药品上市许可持有人制度（MAH）改革，简化药品审批程序，完善药品再注册制度；鼓励医疗器械研发创新，改革医疗器械审批方式。2017年，中共中央办公厅、国务院办公厅印发《关于深化审评审批制度改革鼓励药品医疗器械创新的意见》，提出临床试验机构资格认定实行备案管理，加快临床急需药品医疗器械审评审批，允许医疗器械研发机构和科研人员申请医疗器械上市许可。2019年，新修订的《中华人民共和国药品管理法》提出将在全国范围内全面推行药品上市许可持有人制度。

2. 建立以国家药品监督管理局以及药审中心、器械审评中心为核心的临床审批机构体系

我国药品器械监督管理机构建设最早追溯到1950年设立卫生部药品检验所、生物制品鉴定所，1979年成立国家医药管理总局，到1998年首次独立设置国家药品监督管理局，对全国范围内药品的研发、生产、运输、使用等各个环节进行监管，之后经历卫生部管理的国家食品药品监督管理局（2003年）、国家食品药品监督管理总局（2013年），以及由国家市场监督管理总局管理的国家药品监督管理局（2018年）（NMPA），负责药品、化妆品、医疗器械的注册并实施监督管理。其中，对药品器械的临床试验、药品上市许可申请的受理和技术审评具体工作由国家药品监督管理局药品审评中心、国家药品监督管理局医疗器械技术审评中心具体执行，由此形成以NMPA及药审中心、器械审评中心为核心的临床审批及监督管理机构体系。

3. 培育发展生物医药研发外包机构

为加快推进药品上市许可人和医疗器械注册人制度、仿制药一致性评价工作，江苏、四川、浙江、广东等省市加快发展CRO、CMO、CDMO等生物医药研发生产外包服务机构，提升生物医药研发和生产服务能力，如江苏支持从事医药和生物技术研发、测试等外包服务企业申报技术先进型服务企业，并对药物临床试验机构、CRO为本市医药企业提供的服务，按年度合同履行最高

补助 50 万元的规定。四川重点在成都和天府新区打造国际化 CRO 产业集群。杭州对本地从事药物非临床研究质量管理规范（GLP）、药物临床试验质量管理规范（GCP）、CRO 等服务机构，为与其无投资关系的生物医药企业提供服务的，给予每年最高不超过 500 万元的奖励，广州则最高奖励 3000 万元。深圳加快培育引进行业龙头 CRO、CMO、CDMO 等，最高资助 5000 万元。

7.2.5 持续完善生物医药研发创新的创新环境

1. 加强药品器械创新产品市场化应用

20 世纪 80 年代以来，我国药品采购政策经历了统购统销、医疗机构分散采购、以省市招标为主的集中采购、试点集中带量采购等阶段，2021 年 1 月国务院办公厅发布《关于推动药品集中带量采购工作常态化制度化开展的意见》，明确提出推动药品集中带量采购工作常态化制度化，通过带量采购政策与医保支付制度直接、间接协同作用，推动医药行业新产品示范应用。目前，我国药品市场呈现过期原研药和仿制药占比高、价格高的双高特点，专利创新药金额占比不到 20%，带量采购促使药品行业放弃部分重复的仿制药项目，更多投资将转而流向创新药项目，并且拓宽国产医疗器械的应用场景，推动关键医疗器械自主可控，促进生物医药产业转型升级创新发展。

2. 加强医学伦理审查及人类遗传资源管理

医学伦理审查与人类遗传资源审批是开展临床研究的重要环节，近年我国对生物医药伦理审查以及人类遗传资源管理工作不断深入。我国生物医药伦理审查最早可追溯到 20 世纪 80 年代提出的开展药物临床试验的单位需要成立伦理委员会，随后出台的《关于临床药理基地工作指导原则》（1995 年）、《药品临床试验管理规范》（1999 年）、《药品注册管理办法》（2002 年）、《药物临床试验质量管理规范》（2003 年）、《药物临床试验伦理审查工作指导原则》（2010 年）均对临床研究提出伦理审查相关要求，2021 年 4 月正式实施的《中华人民共和国生物安全法》，以法律形式提出：从事生物技术研究、开发与应用活动，应当符合伦理原则；从事生物医学新技术临床研究，应当通过伦理审查。同时，明确作出了禁止违反生物伦理的规定。在人类遗传资源管理方面，我国 1998 年开始对涉及利用我国人类遗传资源开展国际合作的项目进行申报审批管理制度，随后制定了《人类遗传资源管理暂行办法》（1998 年）、

《关于进一步加强人类遗传资源管理工作的通知》（2013 年）、《人类遗传资源采集、收集、买卖、出口、出境审批行政许可服务指南》（2015 年），明确了对我国人类遗传资源审批的相关规定①。2019 年 5 月，国务院发布《中华人民共和国人类遗传资源管理条例》，对加强人类遗传资源保护应用和管理做出了系统规定。2021 年 4 月正式实施的《中华人民共和国生物安全法》，以法律形式对人类遗传资源的采集、保藏、利用、对外提供做了相关规定，并提出人类遗传资源调查、审批的法定要求，对保障国家人类遗传资源安全具有重要意义。

①侯春花，田丽娟．国际合作临床试验中我国人类遗传资源申报审批现状分析［J］．中国新药与临床杂志，2019（7）：404－408．

第 8 章　我国生物医药产业创新发展存在问题及政策建议

本章在前述研究基础上，分析我国生物医药创新发展仍存在的主要问题，提出我国促进生物医药产业创新发展的政策措施建议。

8.1　我国生物医药产业创新发展存在问题

目前，我国生物医药创新发展在宏观统筹管理机制、基础研究、关键核心技术攻关、企业核心竞争力、临床医学研究、中医药标准化国际化等方面仍存在以下问题。

8.1.1　生物医药产业创新发展规划及统筹协调有待加强

我国当前主要针对生物技术开展专项规划，生物医药产业创新发展专项规划有待加强。另外，生物医药产业创新发展涉及技术研发、临床转化、注册上市、推广应用等环节，相关管理职能分布在科技、卫健、发改、市场监督管理、工信、医保等部门，各相关部门针对相应的管理职责开展相关工作，缺乏能够起到统筹协调管理作用的职能机构和管理机制，生物医药产业创新发展统筹协调难度大，各部门难以形成发展合力。

8.1.2　生物医药基础研究和关键核心技术水平有待提高

原创药物的源头在于理论创新和突破，一旦在某一疾病发病机制方面取得理论突破，将产生一批具有重要临床应用价值的原研药。我国生物医药基础研究薄弱，缺乏原创理论，生命科学基础研究难以支撑新药发现，导致我国原研药缺乏[①]。自西药出现以来，与新药研发相关的原理突破达30余项，但无一出自中国本土科学家。此外，我国药品研发生产关键核心技术对外依存度较高，关键原辅材料等生物核心制剂国产产品质量参差不齐，我国可用于药物制剂应用的辅料品种远远低于美日欧等国家和地区；国产器械装备、关键零部件大多处于仿制、改进及组合阶段，绝大部分高端设备被进口产品垄断，如高性能的CT球管基本被国外企业垄断；生物医学信息数据库、核心软件等对外依赖度也较高。

8.1.3 生物医药企业核心竞争力有待提高

我国生物医药龙头企业相对较少。根据2020年全球制药企业前50排行榜、2019年医疗器械企业前100排行榜，我国上榜企业分别为4家、6家，与美国（15家、49家）、日本（10家、10家）差距较大，而且上榜企业的规模、研发投入、利润额等指标远低于龙头企业。另外，我国生物医药企业研发投入有待提高。根据2020年全球制药企业前50排行榜，我国仅有云南白药、中国生物制药、江苏恒瑞医药、上海医药集团4家企业上榜，研发投入占处方药销售收入的比重分别为0.58%、10.29%、15.60%、6.78%，平均比重为7.83%，均低于全球前50排行榜的制药企业研发投入占处方药销售收入18.11%的比重。同时，根据我国现有385家生物医药上市企业数据，上市企业研发投入占主营业务的比重为3.52%，远低于全球前50排行榜的制药企业研发投入力度。

8.1.4 临床医学研究水平难以满足研发需求

国家临床医学研究中心是我国构建国家级临床研究体系的重要主体，但由于建设时间较短，实施效果还没有完全发挥出来，且国家临床医学研究中心及各省建设的省级中心在资助形式、绩效评估、组织管理、申报资质要求等方面的具体要求也不尽相同，难以发挥整体效果。另外，研究型医院等的建设仍有待开展，医学研究成果从基础到临床应用推广的链条仍需进一步完善。临床研

①敖翼，濮润，展勇，等．我国新药创制的发展现状及问题浅析［J］．中国新药杂志，2020（1）：33－41．

究激励机制尚未建立起来，医院和医生开展临床研究的动力不足。大规模多中心临床研究开展不足，难以在实践中锻炼出国际一流水平的临床医学研究领军人才和创新团队，临床研究人才培养不足。

8.1.5 中医药标准化国际化水平有待提高

建立中医药国际标准是推进中医药国际竞争力的重要途径。但目前中医药的科学内涵还没能被国际社会广泛认可，各国及相关国际组织对中医药标准看法不一①。另外，许多中药新药来源于临床经验的积累，中医证候通过望、闻、问、切对疾病进行诊断，以主观评价为主，难以获得科学、真实、可靠的数据结果，制约了中医药标准建立及国际化发展。与此同时，现行的中医药国际标准规定较为严苛，也影响了中医药国际化发展，如 2005 年 4 月正式生效的《欧盟草药药品法案》规定，传统草药进口在申请日之前至少已有 30 年的药用历史，其中包括在欧共体内至少已有 15 年的使用历史。

8.2 促进我国生物医药产业创新发展的政策建议

8.2.1 注重加强生物医药产业创新发展统筹协调

（1）加强生物医药产业创新发展顶层设计。我国要积极发挥政府战略规划在生物医药产业创新发展的积极作用，在战略规划和政策制定方面加大引导力度，把生物医药产业培育发展成为引领未来经济增长及提升国家整体竞争力的核心产业。要将生物医药产业创新发展纳入国家中长期科技发展规划和“十四五”发展专项规划，从国家战略高度重视生物医药产业的创新发展。要制定和完善生物医药产业创新发展计划，提出生物医药产业创新重点技术领域和发展方向，围绕生物药、化学药、中药以及医疗器械等重点领域，引导全社会投入生物医药创新发展。要推动生物医药高科技园区合理布局，立足各省市园区的资源禀赋、产业优势和主体功能定位，优化全国生物医药产业空间布

①顾心月，申俊龙．“一带一路”背景下中医药国际化的跨文化思考［J］．南京中医药大学学报（社会科学版），2019（2）：78－81．

局。要制定专门的生物医药创新发展政策，实施专项资金资助、研究开发与临床试验激励、人才引进、上市应用许可等方面的政策，营造有利于生物医药产业创新发展的政策环境。

（2）建立促进生物医药产业创新发展的统筹协调机制。生物医药产业涉及面广，产业创新管理涉及多个政府部门，亟须解决生物医药创新发展政府“分而不管”的局面，设立生物医药产业创新发展领导小组，协调科技部、国家卫生健康委、发展改革委、工业和信息化部、国家市场监督管理总局等部门，统筹生物医药产业创新发展规划和政策制定，协调产业创新发展中的重大问题，合力推进生物医药产业创新发展。进一步明确各相关部门的管理职责，构建统一领导、权责匹配、权威高效的生物医药创新管理格局。强化生物医药产业跟踪监测评估，建立定期评估机制，做好对重点企业、机构平台、重大项目实施情况的跟踪监测，认真研究发展过程中遇到的困难和障碍，并及时协调解决。

8.2.2 注重加强生物医药基础研究及关键核心技术攻关

（1）加大对生物医药基础与应用基础研究支持。密切关注生物医药基础研究的新趋势和新成果，瞄准生命健康、脑科学等前沿领域，主动跟进、及时部署开展科技前沿突破，逐步从模仿创新转变为原始创新。加快实施新药创制等已部署的国家重大科技专项，部署实施新的重大科技专项，力争在新药、高端医疗器械、脑科学等方面取得国际引领性原创成果突破。加大国家自然科学基金对生物医药领域的支持力度，推动该基金支持生命科学部、化学科学部、医学科学部开展细胞生物学、免疫学、组织器官、生物材料等方面的基础研究和应用基础研究。通过设立联合基金等形式，充分调动不同地方、不同机构的力量，构建集国家、省市政府以及科学院、工程院、重点企业等多方参与支持生命健康基础研究的机制。通过财税政策激励大型企业加大基础研究投入，鼓励社会各界力量通过捐赠等方式投入基础研究。

（2）聚焦“卡脖子”项目，加强关键核心技术攻关。从国家急迫需要和长远需求出发，大力实施生物安全关键技术研发、数字诊疗装备研发等专项，集中优势资源攻关新发突发传染病和生物安全风险防控、医药和医疗设备等领域关键核心技术。继续实施干细胞及转化、精准医学、生物医用材料研发与组织器官修复替代、绿色生物制造等国家重点研发计划重点专项，持续攻克关键核心技术，研发具有国际竞争力的重大战略产品。针对神经科学、生物材料、生物芯片、神经控制接口、脑－机接口等重点领域，实施应急攻关专项，集中力量加快突破，推进一批具有自主知识产权的重大科技成果转化和产业化。积极推动生物技术和信息技术相融合，采用“互联网＋”“5G技术”的新理念新技术，大力推动“互联网＋健康”发展，培育发展智慧医疗、智慧化医养结合、研发服务外包等新业态。

（3）大力发展风投创投助力生物医药产业的研发创新。风投创投在生物医药产业的培育期、成长期中扮演着重要角色，要鼓励设立生物医药产业创业投资机构，支持其挖掘并重点扶持一批有实力、有潜力的生物医药中小企业发展壮大。支持组建生物医药创新创业投资基金，发挥种子资金作用，带动社会资金共同投资生物医药创业孵化项目。支持金融产品创新，根据生物医药产业不同发展阶段的特点和风险，推出合适的金融产品。充分发挥主板、创业板、科创板等资本市场的作用，鼓励生物医药企业上市融资，吸引社会闲散资金解决产业资金短缺问题，带动社会资金投入生物医药科技创新、成果转化和企业孵化。

（4）培育发展生物医药创新型人才。依托“双一流”大学加快建设生物医药专科院校，培育发展生物医药一流学科，建立生物医药创新型人才培养体系，大力培育高层次人才、青年人才和国际化人才。支持知名高校、科研机构和企业引进培养一批具有世界水平的科学家和青年拔尖人才，并通过国家科技计划项目、人才培养计划给予支持。鼓励高等院校与科研机构、企业联合培养复合型生物医药管理人才和专业技术人才。在国家自然科学基金设立面向临床实践的应用性基础研究专项，培养一批与世界水平接轨的临床研究领军人才和优秀创新团队。加强临床研究专业人才培养，推动开展相应疾病领域的临床医学研究人才培训，为高质量开展临床医学研究提供人才支撑。

8.2.3 注重加快生物医药科技战略力量布局及龙头企业培育

（1）加快建设生物医药国家实验室以及重大科技基础设施。聚焦脑科学领域、呼吸健康领域，加快建设张江国家实验室、广州实验室2家属于生物医药领域的国家实验室及若干分支机构，推动其建设成为具有引领作用的战略科技力量。引导各省市建设生物医药领域省级实验室，加强生物医药基础与应用基础研究。加快建设生物医药领域国家重大科技基础设施，重点建设转化医学研究设施、合成生物学研究设施、大型成像和精密高效分析研究设施、多模态跨尺度生物医学成像设施、生物信息数据中心等，并向国内外高校、科研机构、企业开放共享，提高共享水平和使用效率。支持国家级生物医药大数据中心建设，构建“高通量、低成本、标准化”的生物样本和数据存储、管理、认证、基础应用体系①。

（2）加快推进临床医学研究中心和研究型医院建设发展。加快建设国家临床医学研究中心，系统加强临床科研资源共建共享，推动生物样本、医疗健康大数据等资源的高效整合利用，开展高质量、高水平的临床研究和疗效评价研究，加强国产新药和医疗器械的临床评价研究和产品孵化。定期开展国家临床医学研究中心第三方评估，根据考核评估情况，采用后补助等方式支持国家临床医学研究中心能力建设。推动设立专门的转化医学与临床研究基金，加强对国家临床医学研究中心开展临床医学研究的经费支持。加强研究型医院建设统筹规划，将研究型医院建设与临床试验能力提升纳入新一轮科技创新相关规划，提高研究型医院业务收入中的临床研究收入比例。制定实施支持临床试验机构和人员开展临床试验的具体激励措施，试点探索临床研究床位不计入医疗机构总病床数管理制度，建立适合临床试验的人才考核、晋升考核的标准，将临床试验承接数量、临床指南制定、创新医药产品转化等纳入考核范围。

（3）加快培育生物医药龙头企业。支持生物医药龙头企业联合高等院校、科研院所和行业上下游企业共建国家产业创新中心，承担国家重大科技项目。支持生物医药企业通过收购、兼并上下游企业等方式建立生物医药企业集团。支持本土生物医药龙头企业加强资本运作和模式创新，建立深交所生物科技企业上市绿色通道，支持鼓励优质生物医药企业上市挂牌融资。鼓励全球顶尖医药健康跨国公司来华设立研发中心或总部。鼓励国内生物医药骨干企业在科技资源密集的国家和地区通过自建、并购、合资、合作等多种形式建设分公司、研发中心或引进境外技术实现成果转化。实施医药产品研发和临床试验激励机制，对企业创新药研发及完成临床试验、创新医疗器械给予研发奖补。落实高新技术企业所得税减免、企业研发费用加计扣除等政策，激励企业加大生物医药研发投入。推进生物医药龙头企业牵头组建产业技术创新战略联盟，加快构建医研企创新联合体。

---

①廖晓东，袁永，胡海鹏，等．新冠肺炎疫情防控下广东生物医药产业创新发展对策研究［J］．科技创新发展战略研究，2020（4）：39－45.

8.2.4 注重推进中医药现代化标准化国际化

（1）加快构建完善中医药理论体系。《中共中央、国务院关于促进中医药传承创新发展的意见》提出要挖掘和传承中医药宝库中的精华精髓，加强典籍研究利用。中医药理论体系是中医药创新发展的基石，要加大对中医药创新理论研究的投入力度，支持开展中医基础理论、药性理论、方剂配伍、中药和针灸效应原理、病因病机、辨证治法等方面的理论研究，开展中医药理论形成与发展的临床实践研究，开展中医药理论演化脉络研究。支持运用系统论等现代科学方法论以及生物学、大数据、人工智能等前沿技术，加强对中医药理论的现代化诠释。支持开展中医药关键核心技术研究，重点围绕国家公布的100个中药经典名方和中医优势病种防治、中药现代化、中医药关键技术装备等领域，设置一批重点项目，突破一批关键核心技术。

（2）加强中医药标准化建设。完善中医药质量标准体系，加强中药材加工的标准研究，建立国际认可的质量标准。支持中药在美国食品药品管理局（FDA）、欧盟药品质量指导委员会（EDQM）、日本医药品医疗器械局（PMDA）等注册申请植物药临床试验和新药上市。建立中药毒性物质和致敏物质等相关数据库，建立与国际接轨的中药新药、中药注射剂和中药大品种安全性评价标准等，加强对临床用药的安全性指导。重视中药临床试验安全性评价，加强中药临床试验的规范性，推行中药非临床研究质量管理规范和药物临床试验质量管理资格认定工作，建立临床试验、人用经验、中医药理论“三结合”的中药注册审评证据体系。发挥港澳优势推进中医药国际化、标准化，支持建设中医药产品海外注册公共服务平台，支持内地与港澳科研机构共同建立国际认可的中医药产品质量标准①。

（3）加强中医药创新人才培养。实施好国家中医药传承与创新“百千万”人才工程，做好国医大师、全国名中医的培育工作，在重大科研项目、重大创新平台等方面加大对中医国医大师、国家名中医、国医名师的支持力度。建立传承工作室，推进名中医师承项目，培养中医药领军人才②。在初高中、大学教育中

①刘玲玉，严帅．粤苏生物医药产业发展对比研究及对广东的启示［J］．科技管理研究，2020（6）：114－120.

②廖晓东，袁永，胡海鹏，等．新冠肺炎疫情防控下广东生物医药产业创新发展对策研究［J］．科技创新发展战略研究，2020（4）：39－45.

适当增加中医药基础知识内容，引导有能力有兴趣的学生从事中医药行业。

8.2.5 注重建立完善生物医药创新生态环境

（1）加快培育发展临床研究机构。制定实施 CRO 资助政策，按年度合同金额及发票依据对为生物医药企业提供服务的 CRO 给予一定奖励。支持医药高等学校、医学研究机构、医疗机构建设临床试验机构，鼓励医疗机构设立配有职业化临床试验研究者的专职临床试验部门。建立单独评价考核体系，对开展临床试验的医疗机构进行考评，不规定使用率、周转率、病床效益等考评指标，对仅用于临床试验的病床，不计入医疗机构总病床。提高医务人员开展临床试验的积极性，将研究者发起的临床试验视为科研项目纳入科研绩效考评；对临床试验研究者及相关人员在职务提升、职称评审等方面与临床医生一视同仁，将临床试验的工作业绩作为职称评审的重要内容。

（2）加快临床研究数据平台建设。发挥政府在生物医学数据库建设中的指导作用，政府部门牵头建立完善的生物医学数据管理制度体系，形成生物医学数据资源自动汇聚渠道。加强收集整理我国已产生或即将产生的生物医学数据与信息，支持科学家开展数据整理，建设我国生物信息数据库。推动生物医学领域核心软件建设，在线部分与我国生物信息数据库建设同步设计和对接。建立临床试验信息动态监管，实现研发和临床试验的伦理审查、受试者管理、试验过程、试验数据和安全风险等全过程可追溯，加强临床试验机构间临床试验数据共享。

（3）加强生物安全及医学伦理审查。加快落实《中华人民共和国生物安全法》，完善生物安全法律法规体系建设，加快推进《病原微生物实验室生物安全管理条例》等配套法规修订工作，统筹推进生物安全法规制度体系建设。加强生物医药科技风险防范，建立完善高级别生物安全实验室体系，夯实我国重大传染病防控、生物防范和生物产业发展的基础条件，增强生物安全科技自主创新能力。贯彻落实《中华人民共和国人类遗传资源管理条例》，推行多中心临床研究和人类遗传资源管理组长制，在牵头中心通过伦理审查和人类遗传资源行政审批后，网络单位无需再次报批。加快医学伦理建设，逐步推进伦理审查互认，建立统一的伦理审查平台，提高伦理审查效率。鼓励临床试验机构成立伦理委员会，监督临床试验开展情况，审核和监督临床试验研究者的资质并负责审查本机构临床试验方案。